낯선 조선 땅에서 보낸 13년 20일의 기록

하멜표류기

하멜표류기

낯선 조선 땅에서 보낸 13년 20일의 기록

초판 1쇄 발행 2003년 3월 2일
초판 18쇄 발행 2022년 5월 20일

지은이	헨드릭 하멜
옮긴이	김태진
펴낸이	이영선
편집	이일규 김선정 김문정 김종훈 이민재 김영아 이현정 차소영
디자인	김회량 위수연
독자본부	김일신 정혜영 김연수 김민수 박정래 손미경 김동욱

펴낸곳 서해문집 | 출판등록 1989년 3월 16일(제406-2005-000047호)
주소 경기도 파주시 광인사길 217(파주출판도시)
전화 (031)955-7470 | 팩스 (031)955-7469
홈페이지 www.booksea.co.kr | 이메일 shmj21@hanmail.net

ⓒ서해문집, 2003
ISBN 978-89-7483-175-2 03900

이 도서의 국립중앙도서관 출판예정도서목록(CIP)은 서지정보유통지원시스템 홈페이지(http://
seoji.nl.go.kr)와 국가자료공동목록시스템(http://www.nl.go.kr/kolisnet)에서 이용하실 수
있습니다.(CIP제어번호: CIP2005000973)

낮선 조선 땅에서 보낸 13년 20일의 기록

하멜표류기

헨드릭 하멜 지음 · 김태진 옮김

서해문집

본『하멜일지』한국어 번역은 테제수도회의 장 폴 비스 수사가 하멜의 원전을 처음으로 영역한 것을 텍스트로 하였다. 그간 우리 나라에서는 2~3종의 하멜 표류기가 출간되었으나 이 책들은 모두 하멜의 네덜란드어 원전을 텍스트로 한 것이 아니라 미뉘톨리*Minutoli*의 불어판1670l, 처칠 *Churchill*과 버니*Burney*의 영어판1704, 1813l을 근거로 하였다. 그런데 이들 불어판이나 영어판은 1668년 네덜란드의 암스테르담에서 세 개의 출판사가 『스페르베르 호의 불행한 항해일지……』라는 긴 이름으로 출판된 네덜란드어 판을 번역한 것이다. 그런데 이 네덜란드어 판들은 스페르베르 호가 조선 연안에서 난파되어, 13년간 유배생활을 하다가 탈출한 하멜 등 선원들의 이야기에다 황당무계한 이야기들을 흥미 본위로 추가하였고 또한 이 사건과는 아무 관계가 없는 삽화들을 삽입해서 당시 독자들로부터 선풍적인 인기를 끌기도 하였다.

그러던 중 네덜란드 학자 후틴크*B. Hoetink*는 네덜란드 식민지 관계 기록 문서를 조사하는 과정에서 『하멜일지』와 『조선국에 관한 기술』의 정본을 발견하게 되었다. 원전인 『하멜일지』는 헨드릭 하멜이 조선에서의 억류생활 후 탈출해 네덜란드로 돌아간 다음에 쓴 기록이며 보고서였다. 그리고 이 보고서의 목적은 조선에 억류된 기간의 임금을 동인도회사에 청구하기 위함이었다. 제목은 다음과 같다.

『야하트 선船 데 스페르베르 호號의 생존 선원들이 코레왕국|조선|의 지배하에 있던 켈파르트 섬|제주도|에서 1653년 8월 16일 난파당한 후 1666년 9월 14일 그 중 8명이 일본의 나가사키[長崎]로 탈출할 때까지 겪었던 일 및 조선 백성의 관습과 국토의 상황에 관해서-네딜란드령 인도총독, 요한·마짜이케르 각하 및 형의원 제위 귀하』그는 그것들을 앞서 출판된 책들과 함께 대조해 본 결과 양자 사이에는 많은 차이점이 있음을 발견했다. 그리하여 1920년에 그는 하멜 정본과 함께 다른 책들의 허구성을 지적하고 고증하는 내용을 실어 새로운 네딜란드어 판을 출판하였다. 비스의 영역본은 바로 이 후틴크판을 근거로 하멜 정본을 번역한 것이며 본 한국어 역본은 우리 나라에서 처음으로 이 하멜 원전에 충실한 책이라 할 수 있을 것이다.

그간 15년 이상 본 역자는 하멜과 네딜란드 선원들의 17세기 조선|특히 전라도|에서의 생활에 관한 자료 수집과 연구를 해 왔다. 그리고 1982~83년 이탈리아 나폴리 대학교 동방대학 한국학 교수로 유럽에 체류하던 중에는 한국에 관한 연구 초록을 네딜란드 신문에 기고하였고 그 기고문을 읽고 많은 네딜란드인 후손들과 문통이 이루어지기도 하였다. 또한 이러한 연구가 강준식의 장편소설 『내가 사랑한 됴선』|서울, 1994|, 『우리는 코레아의 광대였다』|서울, 1995|의 자료와 근거가 되기도 하였다. 1994년 11월 주한

네덜란드 대사관에서의 영역판 출판 기념회에서 비스 수사와 폴 라흔데이 크 대사는 본인을 한국어판 번역자로 추천하였다 그 자리에서 나는 그간 의 하멜 연구에 관해 약술하고 그러한 연구가 오늘날 한국과 네덜란드의 이해 증진과 우호 관계, 나아가서는 한국의 세계화에 기여할 수 있는 의미 를 지적하였다. 사실 17세기 이들 네덜란드 선원들이야말로 조선을 서양 에 알려 한국의 세계화에 최초로 기여한 사람들이 아니겠는가!

지금으로부터 340여 년 전 그들 인생의 절정기를 세계의 은둔국이었던 조선, 그리고 조선에서도 오지였던 전라도 강진의 산골 마을 병영에 "유 배"되어 살았던 네덜란드 선원들의 유적을 찾아 나는 지난 세월 그곳을 자 주 찾아 나섰다. 병영의 토담 사이를 걷고, 마을 사이로 흐르는 수로水路를 따라 역사의 변천과 그것을 수용하는 지혜와 용기에 대해 생각해 보곤 하 였다. 17세기 조선의 선조들이 낯선 네덜란드인들 36명이라는 집단을 적 절하게 응대하고 잘 활용하였더라면 서양 문명의 발달을 일찍 수용할 수 있었을 것이요, 조선의 개화도 더 빨리 이뤄졌을 것이 아닌가! 그랬더라면 일제 침략도 지배도, 그리고 남북분단의 비극도 없었을 것이 아닌가! 일본 이 나가사키를 통해 이 네덜란드인들과 교역을 함으로써 그들의 근대 국 가 형성에 결정적 계기를 삼은 것임은 일반적으로 인식되는 바다. 본 한국 어 역본을 출간함에 있어 재정적 지원을 해 준 암스테르담의 Dutch

Korean Trade Club|회장 Theo L. van Maaren|과 격려와 특별한 관심을 베풀어 주신 네덜란드 대사관 Joost Wolfswinkel 대사님, 그리고 영역자 Buys 수사, 한국어 번역에 따른 판권 승인을 해 준 Royal Asiatic Society에 감사를 드린다. 아울러 전남대학교 강사인 박옥경, 김영임 선생에게도 특별한 사의를 표한다. 이 모든 이들의 도움으로 적절한 때에 본 번역본의 출간이 가능하게 되었다.

광주 밤솔에서   김태진 씀

하멜의 일지가 박식하지 못하고, 묘사의 신빙성이 상당히 떨어진다고 지적하는 비평가들이 있는데, 이 지적은 옳다. 그러나 20세에 네덜란드를 떠나 2년 동안 인도에서 근무하다가 불행하게도 스페르베르 호를 타고 마지막 여행을 해야 했던 한 젊은이에게서 그 이상의 어떤 것을 기대할 수 있겠는가? 그 뒤 그는 조선에 억류되어 있던 오랜 세월을 고통 속에서 책도 없이 외부 세계와 고립된 채 낯선 문화 속에서 보냈다. 그러나 하멜이 배의 항해서기가 아니라 학자였다면 우리가 그에게서 더 많은 것을 배웠을지 모르겠다. 그리피스는 1905년 그의 연구 『조선』에서 하멜을 다음과 같이 소개하고 있다.

"배의 화물감독관인 하멜은 자신의 귀환 여행에 관한 책을 썼는데 여기서 자신의 모험을 소박하고 솔직한 문체로 서술하고 있다. 만약 하멜이 학자였다면 조선에서 일어났던 일에 대해 미사여구 없이 서술하지는 않았을 것이고, 또한 조선 땅과 국민들에 대해서도 이처럼 단순하게 기술하지는 않았을 것이다."

17세기에 지리적인 작품은 종종 다양한 자료에서 발췌한 것들로, 개인적인 견해가 가미되어 출판되었는데 예를 들면 청나라에 관해 쓴 니콜라스 비츤의 책과 같은 것이 있다. 비츤(1641~1717)은 이 기간에 네덜란드의 꽤 저명한 명사名士였다. 암스테르담의 시장이자 VOC(동인도연합회사)의 이

사로서 그는 바타비아에서 암스테르담에 보내는 모든 보고서를 가까이 할수가 있었다. 하지만 그의 특별한 관심사는 러시아와 아시아 북부 지역이었다. 그는 1664년부터 1665년까지 모스크바를 방문했고 1690년에는 타르타르국[청국]의 지도를 출판했다. 1692년에는 『북청국과 서청국』이라는 책의 한정판을 출판했다.

비츤은 다양한 취미를 가진 사람이었는데 그 중 하나는 먼 이국異國 땅의 물건을 수집하는 것이었다. 그는 이국 땅의 특이한 물건들을 그 나라와 국민들을 이해하는 정보의 원천으로 여겼다. 그는 이 자료들로부터 타국과 자국을 비교하는 데 이용할 수 있는 의미를 찾으려고 하였다. 그는 이례적인 사실에서 일반적인 설명을 찾고 있었다. 청나라에 관한 책에서 그는 "조선에 억류되어 있던 네덜란드 인"을 여러 번 언급하고 있지만 하멜의 일지나 심지어 하멜의 이름에 대해서는 전혀 언급이 없다. 비츤은 네덜란드에서 당시 하멜의 책에 접근할 수 있는 1인자에 속했기 때문에 아마도 그 책을 회사의 재산으로 여겼을 것이다. 1705년 제12판의 확장본에서는 많은 정보 제공자인 마테우스 에보켄과 베네딕투스 크렐크가 여러 번 분명히 인용되고 있다.[비츤에 관해서는 『스피겔』 역사 1992년 7, 8월호 275~6 참조; "비츤의 세계" 여행일기 1985년 11권 2호 121~134 참조] 이것을 비츤의 연구와 비교해 볼 때 적어도 하멜의 이야기가 원류原流라는 것을 알 수 있다.

하멜의 일지를 대하는 많은 독자들을 즐겁게 만드는 것은 그가 미지의 이교도 국민들과 어디에서 부딪치건 간에 자기와 동료들이 융숭한 대접을 받았다는 것을 솔직히 인정한 점이다. 자신의 경험을 설명하고 관찰을 적은 그의 꾸밈없는 태도는 그의 성실성을 보여 준다. 그의 일지 어느 곳에도 고의적인 오기誤記는 보이지 않는다. 혹 실수가 있다면 그것은 정직한 실수이다. 하멜이 조선의 가옥과 정원에 관해 쓴 부분이 처칠 판에는 다음과 같이 나타난다. "귀족의 집 앞에는 대체로 커다란 사각형의 정원, 즉 분수와 물고기가 사는 연못이 있는 종려나무 뜰과 덮여진 보도가 있는 정원이 있다." 그러나 하멜이 쓴 원고에는 이렇게 적혀 있다. "귀족들은 대개 집 앞에 연못이 있는 커다란 안뜰과 많은 꽃 및 다른 희귀한 식물, 나무 및 바위로 장식된 정원을 가지고 있다."

이 두 판의 차이점이 전혀 중요한 것이 아닐 수도 있다. 그러나 한국에 살고 있는 사람은 한국 정원의 바위의 중요성을 알고 있지만 그 유럽인 번역자는 그 언급을 어떻게 해야 할지 몰라서 바위가 어찌된 일인지 덮여진 보도가 되어 버렸다. 이것은 하멜이 자신이 본 것을 얼마나 정확하게 기록했는가를 보여 주는 한 예일 뿐이다.

물론 우리는 하멜과 그의 동료들의 생애에 관해 훨씬 더 많은 것을 알고 싶어할 것이다. 하멜은 그 당시 전라도 지방에 살던 다른 사람들의 죽음에 대해서는 전혀 언급하지 않고 있다. 또한 그는 조선 여인들과의 생활이나 거기에서 생긴 자식들에 대한 언급도 전혀 하고 있지 않다. 아마 그들 중 대부분이 네덜란드에 부인이 있었기에 신중을 기하느라 그랬을 것이다. 적어도 개인적인 애착은 암스테르담으로 돌아온 선원들 중 몇 사람이 언젠가 조선과의 통상 관계가 수립된다면 왜 기꺼이 조선으로 돌아가려고 했는지 그 이유를 설명해 줄 것이다.

1666년 나가사키에서 인터뷰 당시 하멜은 36세였다. 따라서 그는 1630년 8월 20일에 출생했다는 것을 알 수 있다. 그의 가문은 네덜란드 호르쿰이라는 도시의 자산가 집안이었다. 그는 1650년 11월 6일 보겔주트뤼즈 호를 타고 네덜란드를 떠났다. 이 배는 그 당시 VOC에서 사용하던 가장 큰 배 중의 하나로 약 1000미터톤의 무게가 나가며 300명 이상의 승객과 승무원이 승선할 수 있다. 1651년 7월 4일 그는 바타비아 거리에 도착했다. 바타비아(현재 인도네시아의 수도 자카르타)에서 근무하는 동안 그의 봉급은 선원으로 받는 10굴덴에서, 조수 그 다음에 장부계원으로 승진하여 한 달에 30굴덴까지 인상되었다.

1670년, 그는 20년간 떠나 있던 암스테르담으로 돌아왔다. 그는 인도로 두 번째 항해를 떠났다. 그리고 1692년 2월 12일 결혼하지 않은 상태로 고향인 호르쿰에서 죽었다.

하멜의 여행일지는 1668년 반 벨센이 암스테르담에서, 그리고 스티히터가 로테르담에서 처음으로 출판했다. 그 일지가 회사의 사내 보고용으로 씌어졌기 때문에 하멜이 일지 출판에 대한 통보를 받았을지 어떨지는 의문이다. 다음 해인 1669년에 암스테르담에서 사아그만 판이 나왔는데 이것은 악어와 코끼리 같은 이국적인 요소로 미화美化되어 있다. 1670년 파리에서 출판된 불어 번역판에 사용된 것은 바로 이 사아그만 판이다. 1672년 독일어 판이 뉘른베르크에서 출판되었다. 불어 번역본에서 번역된 영어본은 1704년 런던에서 편집인 존 처칠에 의해 『항해와 여행선집』이란 제목으로 4권이 출판되었다 이것은 1918년 『RAS 한국지부의 회보』 9권으로 재판되고, 또 1971년 게리 레드야드의 연구 『네덜란드 인 조선에 오다』로도 재판된다. 이국적인 요소 이외에도 많은 실수와 생략이 책마다 줄곧 타협을 하고 있다. 예를 들어 "조선은 본질적으로 매우 건전한 나라이다."라는 말은 그 부정확성은 말할 나위도 없고 처칠 판에서 결코 찾아볼 수 없는 수많은 구절 중의 하나이다.

역시 불어본에 입각한 한글판은 1930년대에 출판되었으며, 1954년 이병도의 『하멜표류기』가 서울 일조각에서 재판되었는데 이 재판본은 한국과 일본의 자료를 보충한 것이었다. 1961년에서 1965년 사이에 이쿠다 쉬게루는 하멜의 원본原本에 기초를 두고 한국의 자료들로 주석이 달아져서 부피가 늘어난 일본어 판을 출판했다.

현재의 이 영어 번역판은 1920년 헤이그에서 린스초텐 학회가 출판한 후틴크 판을 옮긴 것이다. 『하멜일지』와 『조선국에 관한 기술』의 17세기 네덜란드 원본을 최초로 번역한 이 후틴크 판을 나는 현대 영어로 옮기려고 시도하였다. 왜냐하면 한국에 관한 이 최초의 문헌에 우리가 더 접근하기 쉽게 만든 것은 헨드릭 하멜과 한국의 공이라고 생각하기 때문이다. 작가는 그 글을 쓰기 위해 무려 13년 이상의 청춘으로 대가를 지불한 셈이다.

원본에는 세부적인 항목이나 편집 장치는 없다. 처칠 판은 여백에 표시가 있다. 나는 그 책을 로마숫자로 표시된 부분으로 세분하였고, 책에 어떤 형태를 갖추도록 연도를 표시했다. 『조선국에 관한 기술』에서 나는 독서를 용이하게 하기 위해 부분 제목을 삽입했는데 이것은 원본에는 없는 것이다. 후틴크 판은 하멜의 귀환 후에 쓰여진 짧은 텍스트로 결론을 짓고 있다. 이러한 결론은 앞으로의 발견을 더 요구하기 때문에 적절한 결말처럼 보인다.

하멜의 탈출 이후, 계속 유지되어 온 고립 정책으로 조선은 기본 질서에 대한 존중이 손상되지 않은 채 왕국이 보존되었으며, 어떤 변화도 거의 받아들여지지 않았다. 19세기에 강제로 조선이 외국인에게 문호가 개방되었을 때, 새로 온 사람들이 관찰한 조선과 2세기 전에 하멜이 관찰한 조선을 비교할 수 있게 되었다. 하멜의 서술이 쓸모없는 것은 아니었다. 제이 코스트는 「조선 역사에 고요히 흩어져 있는 기록들」이란 글에서 다음과 같이 적고 있다.

"네덜란드 배 화물 감독인 하멜은 조선의 예절과 관습에 대해 백성과 나라에 대해서 정확히 묘사하고 있다. 죄수로 여기저기 옮겨 다녔다고 하는 장소들이 확인되고 있으며, 과거 이야기의 모든 특징이 마치 오늘날 이 야기를 듣는 것과 같음을 알 수 있다. 언어와 풍속, 양면에 있어서 토착적 인 보수주의가 너무 강해서 200년 전 하멜의 표현은 오늘날 조선인들의 모든 생활 특징을 그대로 가지고 있다."|『왕립 아시아 학회의 중국지부 저널』 1893~94, 215|

후틴크 판은 조선에 대해 쓴 많은 초기 작품들을 인용하고 있으며 이것들 중 많은 부분이 이 번역본의 주에서 인용되거나 그대로 복사되었다.

조선의 모든 지명은 하멜이 썼던 소리 형태가 아닌 현대 로마자로 표기했다.

일러두기

1. 이 책의 외국어 표기는 표준국어 대사전에 따른 외래어 표기법을 기준으로 하였습니다.
   다만, 일부 고유명사는 가급적 원어 발음에 가깝게 음사하였으며, 널리 통용되고 있는 일부 고유명사는 관용에 따랐습니다.
2. 주는 역자의 주와 편집자의 주를 함께 달았으며, ●은 단어, ✳은 문맥에 대한 주입니다.
3. 서명은 『 』으로, 편명이나 시, 논문 등은 「 」으로 표기하였습니다.
4. 이 책의 제목 "낯선 조선 땅에서 보낸 13년 20일의 기록-하멜표류기"의 '13년 20일'은 하멜 일행이 8월 16일 새벽 제주도에 도착해서 9월 4일 밤 탈출하는 배를 타기까지 하멜 일행이 조선 땅에 머물렀던 기간에 근거합니다. 원전 하멜표류기는 그들의 표류 기간에 기반하기 때문에 8월 16일 제주도 도착해서 9월 14일 나가사키에 도착하기까지 13년 28일간으로 계산하기도 합니다.

【 차례 】

하멜일지

스페르베르|새매| 호 생존 승무원과 선원들이 조선이 지배했던 켈파르트 섬에서 1653년 8월 16일 조난당해서부터, 1666년 9월 14일 그 중 8명의 선원이 나가사키로 탈출할 때까지 조선에서 일어났던 일을 쓴 기록.

1653

타이완의 항구로 가는 인도 총독 각하와 평의회 의원
들의 지시를 받고 우리는 바타비아°를 떠났다. 코넬리스 케
자르 총독 각하는 우리와 함께 승선했다. 총독 각하는 그곳
에 주재 중인 니콜라스 베르버그 총독 대행의 후임으로 포
르모사I타이완I°와 그 속령屬領I보호령I들의 통치 임무를 떠맡게
되었던 것이다.

7월 16일 우리는 별 탈 없이 타이완의 항구에 도착했다.
총독 각하는 배에서 내리고 우리는 짐을 내렸다. 그 후 총독
각하와 타이완 평의회는 우리를 일본으로 보냈다. 우리는
다시 짐을 싣고 총독 각하와 작별하고, 가능한 한 빠른 항해
가 되길 하느님의 이름으로 기원하면서 7월 30일 항해에 나
섰다.

7월 마지막 날의 날씨는 좋았지만 저녁 무렵 포르모사 쪽

바타비아 오늘날의 인도네시
아 자카르타, 네덜란드 동인
도회사의 근거지였다.

포르모사 1544년 포르투갈의
항해자가 타이완 해협을 지
나가다가 '일라 포르모사I아
름다운 섬' 라 불러, 그 후부터
유럽인들은 타이완을 포르모
사라 부르게 되었다. 1624년,
네덜란드 인들이 타이완에
상륙하여 안평에 질란디아
성을 쌓았고, 그 후 그곳을
점령하고 있던 스페인을 몰
아내고 1642년부터 통치를
시작했다. 그러나 1661년 중
국 본토로부터 건너온 명나
라의 유신遺臣 정성공에게 패
하여 포기하고 말았다.

에서 태풍이 불어닥치더니 밤새 더 심해져 갔다.

8월 1일 새벽녘에 우리는 우리가 어느 조그마한 섬 가까이에 있음을 깨달았다. 그 섬 뒤쪽에 닻을 내리고 강한 바람과 심한 파도를 피하려 무진 애를 썼다. 마침내 큰 모험 끝에 섬 뒤편에 닻을 내릴 수 있었다. 그러나 우리 바로 뒤에 집채만 한 파도가 부서지는 암초가 있었기 때문에 우리는 그곳에 갇히게 되었다. 선장이 우연히 배 고물[船尾]의 전망대에 있는 창을 통해 밖을 내다보다가 이를 알게 되었다. 만약 그가 발견하지 못했더라면 우리는 암초에 부딪쳐서 난파를 당했을지도 모른다. 왜냐하면 그 암초는 비와 어둠 때문에 보이지 않았고 우리는 그 암초로부터 불과 머스킷총[화승총]의 사정 거리[250m] 정도밖에 떨어져 있지 않았기 때문이

머스킷총 새매[독수릿과의 텃새]를 뜻하는 불어 mousquet에서 온 단어로 라이플총이 발명되기 전까지 유럽 여러 나라의 보병들이 주로 사용하던 총이다. 이것을 흉내내서 만든 것이 일본의 조총鳥銃이다.

17C VOC가 동남아시아에서 몇몇 식민지와 교류 유지를 위해 사용한 배.
Cornelis Visscher de Jonge[1629~1658]의 에칭. [Henny Savenije].

다. 날이 개자 우리는 우리가 중국의
해안 가까이에 있다는 것을 알았다. 해
안가에서 중국의 군 부대가 바삐 다니
는 모습이 보였는데 마치 우리가 난파
되기를 기다리기라도 하는 듯했다. 그
러나 전능하신 하느님의 도움으로 그
런 일은 일어나지 않았다. 폭풍이 잦아
지지 않고 더 심해져서 우리는 닻을 내
리고 그날 낮과 밤을 지냈다.

서양 옛 지도에 나타난 포르모사
'포르모사'라 표기한 좌측에 타요완이라는 명칭도 보인다.
|Henny Savenije|.

8월 2일 아침에 바람은 완전히 잦
아졌다. 중국 사람들이 대거 몰려나왔고 그것은 마치 굶주
린 이리처럼 우리를 붙잡으려 기다리고 있는 것처럼 보였
다. 닻과 닻줄 등등의 모든 위험으로부터 벗어나기 위해, 그
들의 시야에서 벗어나고 또 해안에서 멀어지기 위해 우리는
닻을 올리고 다시 항해에 나섰다. 그날 낮과 밤은 고요했다.

8월 3일 아침, 우리는 해류 때문에 150km*나 밀려왔다
는 걸 알았다. 포르모사 해안이 다시 보였기 때문에 진로를
포르모사 해안과 중국 해안 사이로 정했다. 날씨는 좋았으
나 조금은 서늘했다.

8월 4일부터 11일까지 바다가 조용했다가 다시 변덕을
부리곤 하는 바람에 우린 중국과 포르모사 사이를 표류했다.

8월 11일 날씨가 다시 나빠졌다. 배가 남동쪽에서 왔기
때문에 우린 동남동쪽으로 약간 치우치게 방향을 틀었다.

8월 12, 13, 14일은 바람의 방향이 자주 바뀌면서 날씨가

* 하멜은 거리를 '밀렌|milen=
영어의 mile|'으로 제시해 놓았
는데, 이는 선원들이 쓰는 독
일 마일로서 7.4km이다. 독
자들의 편의를 위해 모든 거
리를 km로 환산·번역해 놓
았다.

더욱 나빠졌다. 때문에 닻을 올렸다 내렸다 했다. 바다는 더욱 거칠어졌다. 배가 갑자기 흔들려서 바닷물을 많이 뒤집어 쓰기도 했다. 비가 계속 내리는 바람에 아무런 관찰도 할 수 없었다. 낯선 해안에 떠밀려 가지 않으려고 돛을 올리지도 내리지도 못 하고 배를 그냥 표류하도록 내버려 둘 수밖에 없었다.

8월 15일 바람이 너무 심해서 갑판 위에서는 서로의 말

스페르베르 호 항로
얀 본스트라Jan Boonstra가 그린 스페르베르 호 선원들의 여로, 중국과 타이완포르모사 사이를 떠다니다가 제주에 도착, 또 이후에 조선에서 탈출하여 나가사키에 닿기까지의 항로를 나타내고 있다. |Henny Savenijel.

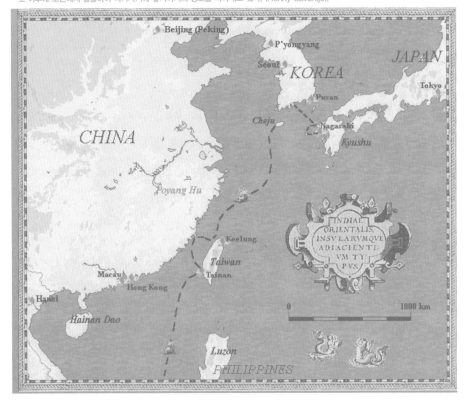

소리조차 들리지 않았으며 더더구나 작은 돛조차도 올릴 수가 없었다. 배가 바닷물을 많이 뒤집어썼기 때문에 바닥의 물기를 퍼내느라 일을 계속해야 했다. 바다에 계속 비바람이 몰아쳐서 연이어 물을 뒤집어썼기 때문에 우린 침몰되어 버릴 것 같은 생각이 들곤 했다.

저녁 무렵 이물[船首]과 고물이 파도에 거의 떨어져 나갔고 선수船首 사장斜檣마저 헐거워져서 이물 전체를 잃어 버릴 위기에 처했다. 이물을 몽땅 잃지 않으려고 모든 수단을 다 동원했으나 배가 심하게 요동치고 집채만 한 파도가 연이어 우리를 덮치는 바람에 실패하고 말았다. 우리는 파도를 벗어나기 위한 더 나은 방도를 찾지 못했기 때문에 앞 돛대의 돛을 조금 느슨하게 함으로써 우리의 생명과 배와 회사의 상품을 구하는 게 최선이라 생각했다. 그렇게 함으로써 심한 폭풍우로 인한 최악의 결과를 피할 수 있기를 바랐다(하나님 다음으로 이것이 최상의 수단일 거라 생각하면서). 앞 돛대의 돛을 느슨하게 하고 있을 때 파도가 고물 위에 덮쳐 와서 갑판에서 작업을 하던 사람들이 하마터면 파도에 휩쓸려 버릴 뻔했다. 배에는 물이 넘쳐 나서 선장이 "동료들이여, 하나님에게 맡기자. 그와 같은 파도가 한두 번 더 덮치면 우리 모두는 죽을 것이다. 더 이상 어찌 할 도리가 없다."라고 소리쳤다.

밤 1시경 망을 보던 사람이 소리쳤다.

"육지다, 육지다!"

육지와 우리는 단지 머스킷총의 사정 거리 정도밖에 떨

제주도에 난파한 스페르베르 호의 모습.
ⓒ 1668년, 로테르담 간, 「스티히터」판.

어져 있지 않았다. 어둠과 폭우 때문에 좀더 일찍 발견할 수 없었던 것이다. 우리는 곧 닻을 내리고 배를 돌렸는데 거친 파도와 심한 바람 때문에 닻이 지탱을 못 했다. 그때 갑자기 배가 바위에 부딪쳐서 세 번 충돌하는 사이 배 전체가 산산조각 나 버렸다. 갑판 밑의 침대에 있던 사람들은 미처 갑판 위로 올라오지 못하고 죽었고, 갑판에 있던 사람들은 바다로 뛰어들기도 하였으며 파도에 이리저리 밀리는 사람도 있었다.

우리들 중 15명이 육지에 다다랐는데 대개 알몸이었고 많이 다쳐서 다른 사람들은 아마 죽었을 거라고 생각하고 있었는데, 바위에 앉아 있다 보니 난파선 속에서 사람들의 비명 소리가 들렸으나 어둠 때문에 알아볼 수도 없었고 도와줄 수도 없었다.

8월 16일 새벽녘에 아직 움직일 수 있는 사람들이 해변을 따라 걸으면서, 혹시 누군가 육지에 다다른 사람이 있나 찾아보고 소리쳐 불러도 보았다. 여기저기서 몇 사람이 더 나타나서 우리는 최종적으로 36명이 되었지만 대부분 심하게 다친 상태였다. 한 사람이 난파선 속에서 커다란 나무통 두 개 사이에 끼어 있어서 곧 구출해 내었으나 3시간 후에 죽고 말았다. 그의 시체는 심하게 뭉개져 있었다.

우리는 비참한 심정이 되어 서로를 바라보았다. 그 아름답던 배는 산산조각 나고 64명의 선원 중 불과 36명만이 살아 남았다. 이 모든 일이 15분 사이에 일어났다. 우린 해안으로 밀려 올라온 시체를 찾아 다녔다. 암스테르담 출신의 선장 레이니어 에흐버츠는 물에서 20m쯤 떨어진 곳에서 팔베개를 한 채 죽어 있는 모습으로 발견되었다. 우리는 곧 여기저기서 발견된 6, 7명의 죽은 선원과 함께 그를 매장했다.

우리는 지난 2, 3일 동안 거의 먹지 못했기 때문에 해안으로 밀려온 식량이 없나 하고 찾아보았다. 요리사는 나쁜 날씨 때문에 조리를 할 수 없었다. 밀가루 한 포대, 고기 한 통, 베이컨과 붉은 스페인 산 와인이 들어 있는 나무통만을 발견할 수 있었는데 포도주는 다친 사람에게는 유용한 것이었다. 불을 구할 수 없었고 아무도 보지 못했기 때문에 이 섬이 무인도라고 생각했다. 정오 무렵 비바람이 잦아들자, 비를 피할 수 있도록 돛을 가지고 텐트를 쳤다.

8월 17일 우리 모두는 비참한 심정이 되어 사람을 찾아 나섰다. 일본인을 만나길 바랐는데 그래야만 우리가 다시

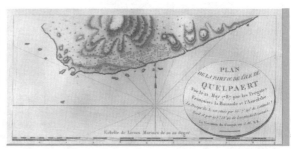

켈파르트 섬
1787년, la Perrouse 프랑스 원정단의 지도.
'갤리선 켈파르트' 라는 배가 1642년경
동북쪽을 항해하다가 제주도를 처음 발견하고
이 사실을 동인도 회사에 보고했는데,
이후 이 배의 이름을 따서
'켈파르트' 섬이라 불려졌다.
|Henny Savenijel.

본국으로 돌아갈 수 있고, 만약 그렇지 않다면 우리의 배나 구명 보트는 산산조각이 나서 수리가 불가능했기 때문에 다른 해결책을 구할 수 없었기 때문이다.

정오 조금 못 되어 대포의 사정 거리|약 200~300m| 정도 떨어진 곳에서 한 사람을 발견했다. 그에게 손짓을 했지만 그는 우리를 보자마자 도망가 버렸다. 정오 직후에 세 사람이 머스킷총의 사정 거리쯤 거리를 두고 왔으나 우리가 손짓 발짓을 다해도 가까이 다가오지 않았다. 우리 쪽에서 한 사람이 용기를 내어 그들에게로 가서 총을 들이대고, 우리가 정말 필요로 하는 불을 얻어 내는 데 성공했다. 이 사람들은 중국식 복장을 했는데 말총으로 짠 모자를 쓰고 있었다. 혹시 우리가 해적이 사는 곳이나 추방된 중국인이 사는 땅에 온 것은 아닌지 겁이 났다. 저녁 무렵 약 100명 정도의 무장한 남자들이 텐트 주변으로 와서 우리 인원수를 세고 밤새 우리를 감시했다.

조선옷을 입은 남자
1617, 18년에 P. P. 루벤스가 그린 그림.
작품 중의 인물은 겉에는 철릭天翼|조선 시대 무관공복의 일종|을 입고 속에는 창옷을 입었는데, 이와 같은 복장은 조선 초기부터 병자호란 때까지 평상시에 남자가 입던 복장이다.
서양인의 눈에 비친 조선 사람의 이미지를 보여준다.
ⓒ 장 폴 게티 박물관J. Paul. Getty Museum.

8월 18일 아침에 좀더 큰 텐트를 만드느라 분주했는데, 정오 무렵 1천 명 내지 2천 명 정도의 사람들이 몰려왔고 그들은 기병騎兵과 군졸들인 듯했다. 그들은 텐트를 포위하고 서기, 일등항해사, 이등갑판장, 사환 아이를 연행해 갔다. 지휘관에게 이 4인을 데

난파선의 표류물을 훔친 제주도 사람이 조선 관헌에게 잡혀서 곤장을 맞고 있는 모습. © 1668년, 로테르담 간, 「스티히터」 판.

리고 가니 지휘관은 각각의 목에 쇠사슬을 감았는데, 거기에는 (네덜란드에서 양의 목에 매다는 방울처럼 생긴) 방울이 매달려 있었다. 기어서 지휘관 앞에 다가가게 하고는 꿇어 엎드리게 했다. 지휘관 옆에 있는 군사들이 벽력같이 소리를 질러 댔다. 텐트 안에 있는 선원들이 그 모습을 보면서 서로에게 "우리도 끌려갈 것이다."라고 말했다. 곧 우리도 무릎을 꿇으라고 해서 땅에 납작 엎드렸다. 그 지휘관이 우리에게 무엇인가를 물었으나 알아들을 수 없었다. 우린 손짓 발짓 해 가며 일본에 있는 나가사키로 가려 했다는 걸 말해 보려 했으나 소용이 없었다. 우린 서로 의사 소통이 안 되었고 그들은 Japan아판이라는 말을 몰랐다. 왜냐하면 그들은 Japan을 왜나라 혹은 일본이라 불렀기 때문이다. 그 지휘관은 우리들에게 각각 술 한 잔씩을 주게 하고는 텐트로 되돌려 보냈다. 우리를 호위한 군사들은 혹시 텐트 속에 식량이 있는지 알아보려고 안으로 들어왔으나 앞서 말한 고기

와 베이컨밖에 없다는 걸 알고는 이를 지휘관에게 알렸다. 약 1시간 뒤에 우리에게 죽을 가져다 주었는데 우리가 그 동안 굶었고 갑자기 많은 음식을 먹으면 해로울 거라고 생각했기 때문인 것 같았다.

오후에 그들 각각이 밧줄을 가지고 우리에게 왔기에 혹 우리를 묶어 죽이려는가 싶어 덜컥 겁이 났는데, 그들은 난파선이 있는 쪽으로 걸어 가서 시끌벅적 떠들면서 쓸 만한 것을 주워 모아 묶었다. 저녁에는 우리에게 쌀밥을 주었다. 그날 오후에 일등항해사는 관측을 하더니만 우리가 북위 33도 32분에 있는 켈파르트[제주도] 섬에 있다는 것을 알아냈다.*

8월 19일 그들은 표류물들을 해안으로 옮기고 그것을 볕에 말리고 못이나 쇠붙이가 붙어 있는 나무를 태우느라 바삐 움직였다. 우리 쪽 상급 선원들이 지휘관과 섬의 병마절

*이는 일등항해사인 암스테르담 출신의 헨드릭 얀스가 켈파르트 섬의 존재를 알았다는 걸 보여 준다. 나가사키에 있는 회사 일지에는 1647년 11월, 그 섬이 언급되어 있다. "마테우스 에보켄이라는 생존자가, 그들이 켈파르트 섬에 붙잡혀 있었고 일등항해사가 이 섬을 알고 있었으며 이곳은 일본의 영향력이 미치지 않는 곳이라고 설명해 주었다고 나에게 알려 주었다."[비츤 I, 15] 제주는 북위 33도 12분에서 33도 30분 사이에 위치해 있는데 이는 당시의 도구와 장소를 감안해 본다면 일등항해사의 관측이 정확함을 말해 준다.

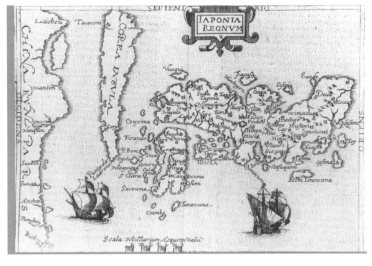

Natalius Metellus [1520~1597]의 1596년 일본 지도. 하멜 일행을 비롯한 유럽 세계에 미약하나마 이미 한국의 존재가 알려져 있었음을 보여 준다. [Henny Savenije].

도사에게로 가서 그들 각각에게 쌍안경(망원경)을 주었다. 우리 쪽 상급 선원들은 붉은 포도주와 그것을 따르는 술잔(이것은 회사 소유로 암초 사이에서 발견한 것임)도 가지고 갔다. 포도주 맛을 보더니만 아주 맘에 들어 하면서 많이 마셨기 때문에 기분이 무척 좋아 보였다. 그들은 우리에게 우호적인 태도를 보이면서 은잔도 돌려 주고 텐트까지 우리를 바래다 주었다.

8월 20일 그들은 쇠붙이를 가려내기 위해 난파선과 잔류 재목들을 태웠다. 난파선을 태우는 동안 대포에 장전하는 폭발물이 2개 터져서 그들은 모두 도망갔다. 곧 돌아와서는 혹시 또 터질 것인가를 물었다. 우리가 그럴 염려는 없다고 했더니 바로 다시 일을 시작했다. 그들은 하루에 두 차례 우리들에게 음식을 갖다 주었다.

8월 21일 아침, 절도사는 우리들에게 천막 안에 있는 물건들을 봉인하게 자기 앞으로 가져오라고 명령해서 우리는 그렇게 했다. 그들은 우리들이 있는 곳에서 우리 짐을 봉인했다. 우리가 거기 앉아 있을 때, 인양 작업 중 짐승 가죽이라든가 철물, 그 밖의 것들을 훔쳐간 몇몇 도둑들이 끌려왔다. 도둑들에게 물건을 등에 지게 하고는 우리 앞에서 그들을 처벌했다. 우리 물건이 앞으로는 도난당하지 않을 거라는 걸 보여 주기 위함이었다. 그들은 길이가 1m쯤 되고 굵기가 보통 아이의 팔뚝만 한 몽둥이로 발바닥을 맞았다. 일부는 발가락이 떨어져 나

하멜상
2001년에 네덜란드 호르쿰 시에서
직접 제작하여 강진군에 기증.
ⓒ 전라남도 강진군청.

가기도 했는데 한 사람당 30대 내지는 40대를 맞았다.

정오 무렵 그들은 우리더러 출발하라고 했다. 말을 탈 수 있는 사람에게는 말이 주어지고 부상 때문에 말을 탈 수 없는 사람은 병마절도사의 명령으로 담가擔架들껏에 태워졌다.

오후에 우리는 호위병으로 따라온 기병과 보병들과 함께 출발했다. 우리는 대정이라는 작은 읍에서 하룻밤을 지냈다. 식사 후에 창고 같은 곳으로 가서 하룻밤 묵게 되었는데 그곳은 여관이나 숙소라기보다는 마구간 같은 곳이었다. 오늘은 약 6km 정도를 여행하였다.

8월 22일 이른 아침, 우린 말을 타고 여행을 계속했는데 도중에 조그마한 어느 성채를 지나가게 되었다. 그곳에서 두 척의 전투용 정크선을 보았고 아침 식사를 했다. 오후에 우린 제주*라는 곳에 도착했는데 그곳에 제주 목사의 관저

*하멜은 '제주'에 대해서는 언급하지 않고 '목간목관'에 대해서 이야기하고 있다. 이는 그 섬의 행정관인 목사의 관저이다.

블랑기 2001년에 네델란드 호르콤 시에서 직접 제작하여 강진군에 기증. ⓒ 전라남도 강진군청.

가 있었다.*

우리가 도착하자 그들은 우리를 관청의 앞마당에 모이게 하여 미음* 한 그릇씩을 들게 했다. 우린 이것이 우리의 마지막 식사이고 모두 죽게 될 거라고 생각했다. 총이랑 전쟁에서 쓰는 갖가지 물품들, 다양한 옷차림들이 너무 무서웠기 때문이다. 약 3,000명 정도의 무장 병졸들이 있었는데 그들의 행동은 중국인이나 일본인 사이에서는 보지도 듣지도 못한 것이었다.

곧 서기와 전에 차출되어 끌려 갔던 세 사람이 우리가 절도사 앞에 끌려 나갔던 것처럼 제주 목사 앞으로 끌려 갔다. 꿇어 엎드려 있으려니 고함 소리와 손가락질 속에 누군가가 관청 앞 대청마루에 왕처럼 앉아 있는 모습이 보였다. 목사 가까이에 앉으니, 그는 손짓으로 우리가 어디에서 왔으며 어디로 가느냐고 물었다. 우리도 온갖 손짓 발짓으로 옛날에 했던 대답(일본의 나가사키로 간다고)을 나타내고자 했다. 이에 그는 고개를 끄덕거리며 뭔가 알겠다는 듯한 태도를 보였다. 다른 사람들도 걸을 수 있는 사람들은 한 번에 4명씩 앞으로 나가 심문을 받았다. 각각의 질문 때마다 우리는 우리가 할 수 있는 최선의 몸짓으로 대답했으나 서로의 말을 전혀 이해하지 못했다. 목사는 우리를 어떤 집으로 데리고 갔는데 그곳은 현 왕의 숙부가 죽을 때까지 살았던 곳이었다. 그는 왕위를 찬탈하고 선왕을 폐위하려다 이 섬으로 유배되었던 것이다. *

그 집은 삼엄한 감시를 받았다. 우린 하루에 3/4캐티catty*

*하멜은 제주도의 우두머리를 '총독'이라 언급하고 있다. 그러나 제주도는 전라도에 속한 곳이다[레드야드, 147]. '목사' 즉 도둑을 방지하기 위한 포졸들이 주재하고 있는 고을의 행정 책임자[서열상 감사 밑에 있는 두 번째 직위]가 제주도를 다스리고 있었다. 「효종실록」 등에 의하면 당시의 제주 목사는 이원진李元鎭이라고 한다.

*'물에 쌀을 넣고 끓이는 가장 흔한 음료'[그리피스, 「조선」, 1905, 267].

*숙부는 광해군을 가리킨다. 광해군은 효종의 당숙뻘이다. 그는 1608년부터 1623년까지 왕위에 있다가 1623년 폐위되었다. 처음에는 강화도로 유배되었다가 나중에[1637년] 제주도로 옮겨갔고 그곳에서 1641년 죽었다. 유배 기간 중 그를 다시 복위시키려는 시도가 있었다[레드야드, 25 & 148].

캐티 말레이어의 '카티'에서 온 말로 약 600g[1근] 정도.

정도의 쌀과 밀가루를 각각 받았으나 그것과 같이 먹을 수 있는 부식은 거의 없었고, 있는 것도 그나마 먹을 수 있는 것이 못 되어서 소금과 물만 넣어 식사를 할 수밖에 없었다. 나중에 알았지만 그 총독은 선량하고 이해심이 많은 사람이었다. 70세 가량 된 그는 서울 출신으로 조정에서도 상당한 신망을 받고 있었다. 그는 왕에게 편지를 띄워서 우리를 어떻게 처리해야 할지 알려 주는 답신을 기다리고 있었다. 서울까지의 거리는 해로로 90km, 육로로 500km 이상이라서 답신이 빨리 오지 않았다. 우린 그에게 이따금 고기와 그 밖의 부식을 줄 수 있느냐고 물었다. 왜냐하면 우린 더 이상 쌀과 소금으로는 지탱할 수 없었기 때문이다. 덧붙여 조금 몸을 풀기도 하고 몸을 씻거나 옷가지를 빨도록 허락해 달라고 요청했다. 이것이 받아들여져서 매일 6명씩 교대로 외출할 수 있게 되었고 부식도 주어졌다.

이따금씩 그는 우리를 불러 우리말로 이것 저것 묻게 했고 뭔가를 쓰도록 했다. 그리고 나중에는 우리에게 향연을 베풀어 우리의 시름을 달래 주려고 노력했다. 매일 '국왕으로부터 답신만 오면 우릴 일본으로 보낼 것이다.'라며 위로해 주었다. 그는 또 부상자도 치료받도록 조처해 주었다. 이렇게 해서 우리는 기독교인이 오히려 무색할 정도로 이교도들로부터 후한 대접을 받게 되었다.

10월 29일 오후에 서기와 일등항해사 그리고 하급선의 下級船醫*가 제주 목사에게 불려갔다. 그곳에 가 보니 긴 붉은

* 하급선의는 앵크하츤 출신의 마테우스 에보켄. 이때 19살이었을 것으로 추청된다나가 사키에서의 문답과 비촌의 여러 번의 언급 참조.

34

수염을 한 어떤 사람이 있었다. 목사는 그가 '어떤 사람'인지를 물어 와서 우린 '우리와 같은 네덜란드 사람'이라고 대답했더니, 총독이 웃으며 우리에게 그는 조선 사람이라고 손짓 발짓으로 설명해 주었다. 많은 이야기와 손짓 발짓을 주고받은 끝에 그때까지 침묵을 지키고 있던 이 사람은 우리말로 떠듬떠듬 우린 '어떤 사람'이며 '어디에서 왔느냐'고 물었다. 우린 그에게 '암스테르담에서 온 네덜란드 사람'이라고 대답했다. 그는 또 '어디에서 출발하여 어디로 가는 길'이었느냐고 물어서, '타이완에서 출발하여 일본으로 가던 중 전능하신 하나님이 길을 막아 폭풍우에 5일 동안이나 갇혀 있다가 이 섬까지 표류하게 되어 지금은 자비로운 조처만 바라고 있다.'고 대답했다.

우리 쪽에서 그에게 그의 이름과 국적, 어떻게 해서 이곳에 오게 되었는지를 물었다. 그는 '나의 이름은 얀 얀스 벨테브레Weltevree이고 드 레이프De Rijp 출신이며, 1626년 홀란디아Hollandia 호를 타고 고국을 떠났으며, 1627년 오버커크 Ouwerkerck 호를 타고 일본으로 가던 중, 조선 해안 근처에서 역풍을 만나 식수가 부족해서 보트로 육지까지 왔다가 우리들 중 세 사람만이 주민에게 잡혔고 나머지 사람들은 보트를 타고 도망쳐 배까지 가 버렸다.'고 대답했다.＊

17년 전 혹은 18년 전에 만주(청나라)의 침략이 있던 때에 그의 두 동료(드 레이프 출신 데릭 히스버츠와 암스테르담 출신의 얀 피터스 버바스트)는 죽었다. 그들은 벨테브레와 함께 동인도 제도에 도착했었다.

＊실제로 벨테브레는 오버커크 호에 의해 나포된 중국 선박으로 옮겨 탔었다. 폭풍 때문에 그 선박이 조선 해안으로 밀려 갔고 그와 그의 두 동료가 붙잡혔다(레드야드, 36, 데지마 섬에서 하멜이 상관장에게 한 이야기).

그에게 어디서 살고 있으며 무엇을 하고 있고 무엇 때문에 이 섬에 왔느냐고 물었더니, 그는 자기가 '서울에 살고 있고 왕으로부터 적당한 식량과 의복을 지급받고 있으며 이곳에 보내진 이유는 우리가 누구이고 어떻게 여기에 오게 되었는지를 알아 보기 위해서' 라고 대답했다. 그는 또 덧붙여서 여러 차례 왕과 관리들에게 일본으로 보내 달라고 청원했지만, 왕은 항상 '당신이 새라면 그곳으로 날아갈 수 있겠지만 우리는 외국인을 나라 밖으로 보내지 않는다. 당신을 보호해 주겠으며 적당한 식량과 의복을 제공해 줄 테니 이 나라에서 여생을 마치라.' 고 대답하면서 거절했다고 말했다. 그는 우리를 위로하면서 만약 우리가 왕을 만나도 사정은 달라지지 않을 거라고 했다. 그래서 통역을 만나서 기뻤던 마음이 곧 슬픔으로 바뀌고 말았다. 그는 약 57, 8세로 보였는데 놀랍게도 모국어를 거의 잊고 있어서 아까도 말했듯이 처음에는 그의 말을 거의 알아들을 수 없었으나, 약 한 달 정도 같이 지내다 보니 그가 다시 모국어를 알게 되었다.

지금까지 우리가 말한 것과 우리 배와 선원들에게 일어난 일은 자세히 기록되었고, 얀 얀스 벨테브레가 통역해서 우리에게 읽어 주었는데, 이 기록은 다음에 순풍이 불 때 조정으로 보내기 위한 것이었다.

제주 목사는 '답신이 곧 올 것이며 좋은 소식이 와서 우리가 일본으로 보내질 것' 을 바란다며 매일 우리를 격려해 주었다. 또 벨테브레와 그의 관리 한 사람이나 상급 감독관*을 매일 우리에게 보내어 우리가 어떻게 지내고 있는가를 보고

* 원문에는 '벤조에센 benjoesen' 인데 이는 총독이나 관리장管理長을 의미하는 일본어 'bungio' 나 'bugyo' 가 와전된 것 같다 |C.J.퍼넬, 「윌리암 애덤스의 항해일지」, 1941.

하게 했다.

　12월 초에 새로운 목사가 부임해 왔다.* 전임자의 3년 임기가 다 끝났기 때문이었다. 우린 몹시 비통해졌고 신임 목사가 새로운 통치 스타일을 띠지 않을까 우려했는데 그것은 사실이 되었다. 날씨가 추워지는데 입을 옷이 거의 없었기 때문에, 전임 목사는 떠나기 전에 우리들 각각에게 안감을 댄 긴 옷과 가죽 양말, 신 한 켤레씩을 만들어 주어 추위를 면하게 해 주었다. 그는 또 압수했던 책들도 돌려주고* 겨울에 쓰도록 큰 통 가득히 기름을 주었다. 송별연에서도 우

* 『제주읍지』에 따르면 신임 제주 목사는 소동도蘇東道라고 한다.

* 건진 책 속에는 아마 스페르베르 호의 항해 일지도 있었을 것이다.

하멜기념 비
하멜의 공덕을 기리고 네덜란드와 한국 간의 우호 증진을 목적으로 1980년 한국국제문화협회와 주한 네덜란드 대사관에 의해 남제주군 안덕면 사계리 산방굴사 바로 앞에 세워졌다.

리를 잘 환대해 주었으며 벨테브레를 통해서 그가 '우리를 일본으로 보내지 못하고 본토로 데려갈 수도 없어서 매우 안타깝다. 그러나 내가 떠나는 것에 대해 슬퍼하지 말아 달라.'고 전하고, '일단 조정에 가면 우리를 석방하든지 아니면 가능한 빨리 섬을 떠나 조정으로 데려가든지 힘 자라는 데까지 노력하겠다.'고 했다. 우리들은 그가 우리에게 보여 준 모든 호의에 대해서 진심으로 감사를 느꼈다.

신임 목사가 직무를 시작하면서 우리의 부식을 다 빼앗아 가니 대부분의 우리 식사는 쌀과 소금, 그리고 마실 물뿐이었다. 우린 바람 때문에 아직 섬에 머물러 있는 전임 목사에게 이에 대한 불만을 털어놓았다. 그는 자신의 임기가 다 끝나서 어떻게 해 볼 도리가 없지만 신임 목사에게 서신을 띄워 보겠다고 했다. 그래서 전임 목사가 있는 동안은 신임 목사가 그러한 불평거리가 생기지 않도록 때때로 부식을 조금씩 제공해 주었다.

1654

1월 초에 전임 목사가 떠나자 우리 상황은 크게 악화되었다. 우리는 쌀 대신 보리를, 밀가루 대신 보리 가루를 지급받고 부식은 전혀 없었다. 할 수 없이 부식을 얻으려고 보리를 팔아야 했다. 하루에 4분의 3캐티의 보릿가루로 견뎌야 했다. 그러나 6명씩 교대로 외출하는 것은 계속되었다.

비참한 심정이 되어 도망칠 궁리를 모색했다. 봄이 오고 장마철이 되어도 국왕으로부터의 답신答信은 오지 않아서 섬에 유배된 채 죄수 같은 상태로 삶을 마감하지 않을까 걱정이 되었다.

우리들은 밤에 부두 근처에 계류 중인 배로 탈출할 궁리를 했는데, 드디어 4월 말에 기회가 왔다. 일등항해사를 포함한 6명이 탈출 계획을 세웠는데 (이 중 3명은 몇 년 뒤에 나가사키로 탈출하였다), 일행 중 한 사람이 우리가 점찍어 둔 배로 가던 길에 썰물이 끝났나를 알아 보려 담을 넘다가 개들이 짖는 바람에 경비가 더 삼엄해져 되돌아오지 않을 수 없었다. 이렇게 하여 우리의 시도는 무위로 끝나고 말았다.

5월 초에 전에 말한 3명을 포함한* 다른 5명과 함께 외출할 차례가 되어 나갔던 항해사가, 제주 옆의 조그마한 마을 옆에서 출항 장비가 아직 거두어들여지지 않은 배 한 척을 발견했다. 주변에는 아무도 없었다. 곧 그들은 한 사람을 숙소로 보내 이런 경우를 위해 꼬아 놓은 새끼줄과 일인당 두 덩이씩의 빵을 가져 오게 했다. 그들은 물 한 그릇씩을 마시고 다른 것은 아무 것도 없이 배에 타서 모래톱을 지나 바다로 배를 밀어냈다. 마을의 몇몇 구경꾼들은 무슨 일이 일어나는지 몰라서 당황해 있다가, 그 중 한 명이 집에서 머스킷 총을 가지고 와서는 배에 타고 있는 사람들을 쫓아 물 속으로 뛰어들었다. 그러나 이미 그들은 바다 한가운데쯤 와 있었다. 다만 그 중 한 사람은 배를 매어 두던 밧줄을 풀다가 배에 탈 시간을 놓쳐 버려서 다시 해안으로 돌아가야 했다.

*3명은 각각 로테르담 출신의 헤릿 얀슨, 호버트 데니슨, 얀 피터슨 드 브리스이다「후틴크」, 15l.

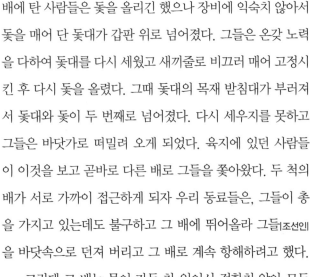

배에 탄 사람들은 돛을 올리긴 했으나 장비에 익숙치 않아서 돛을 매어 단 돛대가 갑판 위로 넘어졌다. 그들은 온갖 노력을 다하여 돛대를 다시 세웠고 새끼줄로 비끄러 매어 고정시킨 후 다시 돛을 올렸다. 그때 돛대의 목재 받침대가 부러져서 돛대와 돛이 두 번째로 넘어졌다. 다시 세우지를 못하고 그들은 바닷가로 떠밀려 오게 되었다. 육지에 있던 사람들이 이것을 보고 곧바로 다른 배로 그들을 쫓아왔다. 두 척의 배가 서로 가까이 접근하게 되자 우리 동료들은, 그들이 총을 가지고 있는데도 불구하고 그 배에 뛰어올라 그들[조선인]을 바닷속으로 던져 버리고 그 배로 계속 항해하려고 했다.

그런데 그 배는 물이 가득 차 있어서 적합치 않아 모두들 해안으로 다시 돌아왔다. 그들은 총독 앞에 연행되어 갔다.

각각의 몸에는 두꺼운 널빤지[칼*]가 씌워지고 한 손에는 칼에 연결된 수갑이 채워지고 목에는 사슬이 둘러졌다. 그렇게 족쇄가 채워진 채로 목사 앞에 포복했다. 나머지 사람들도 소환되어서 목사 앞에 붙들려 갔는데 그곳에서 자신의 동료들이 비참한 모습으로 엎드려 있는 것을 보아야 했다.

목사는 그들이 이 일을 저지른 것을 다른 사람이

* 이런 방식은 중국에서도 행해졌는데 이것을 유럽 사람들은 'cangue'라 불렀다. "칼을 씌우는 것은 처벌보다는 일종의 견책見責으로 간주되었으며, 그로 인한 불명에는 없다. 또한 그에게 음식물이 제공되고 햇빛을 피할 곳에 있게 해 준다면 심한 처벌이 되는 것이 아니다. 이 틀은 무게가 12 내지 30파운드 정도 나가며, 목을 누르지 않고 어깨에 실리게 되어 있다. 그러나 폭은 넓어서 본인이 음식을 먹을 수는 없다. 지나가는 사람이 볼 수 있게 범법자의 이름, 주소, 범죄 행위가 그 위에 적혀 있고 탈주를 방지하기 위해 포졸이 배치되어 있다." |S.웰즈 윌리암스, 「중세왕조」, 1890, 509|.

칼
본래 가枷라고 하며 죄수의 목에 씌우던 나무로 만든 형구刑具이다.
우리말로 칼이라 한다. 정조 때의 「흠휼전칙欽恤典則」에 보면, 칼은 5척 5푼이고
목이 들어가는 형전刑典의 바탕이 된 「대명률大明律」에 보면
사형수에게는 무게 22근짜리를 씌우도록 되어 있었다. ⓒ 한국교회사연구소.

알고 있었느냐고
물었다. 그들은 다
른 사람들은 모르는
일이라고 대답했다.
(더 이상의 곤경을 피

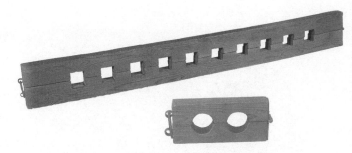

하고 동료들이 벌을 받지 않도록 하기 위해서 그렇게
대답했다.) 또 왜 그랬는가를 물어서 일본으로 가려고 그랬
다고 대답했다. 그랬더니 목사는 그렇게 조그마한 배로 먹
을 물도 없이 겨우 빵 몇 조각으로 갈 수 있었겠느냐고 했
다. 그들은 차라리 죽는 게 더 나을 거라고 대답했다. 목사
는 칼을 풀게 하고 엉덩이를 내리게 하고서 길이가 6자 가
량 되고 끝이 둥글고 두께가 손가락만 하고 폭이 손바닥만
한 노 모양의 몽둥이로 25번씩 내리치게 했다. 그 때문에 그
들은 약 한 달 정도를 누워 있어야 했다. 우리의 외출은 금
지되고 더욱 엄중하게 밤낮으
로 감시받게 되었다.

그들이 제주라 부르고 우
리가 켈파르트 섬이라고 부르
는 이 섬은 앞서 말한 것처럼
위도 33도 32분에 위치해 있
고 조선 본토의 남단으로부터
85~95km 정도 떨어진 곳에
있었다. 북쪽 해안에는 만이
있었는데 그곳에서 배가 들락

하멜 일행이 조선 왕이 있는 서울로 가기 위해 일단 배를 타고
제주도에서 전라도로 향하는 모습.
ⓒ 1668년, 로테르담 간, 「스티히터」 판.

날락하고 본토와의 왕래가 이루어졌다. 그 해안을 알지 못하는 사람이 이 섬에 접근하기란 매우 어려운데 그 이유는 보이지 않는 암초가 있어서, 만약 날씨가 나빠 그만을 놓쳐 버리면 닻을 내리고 안전하게 정박할 다른 곳이 없어서 일본으로 가지 않을 수 없기 때문이다. 섬을 빙 둘러서 보이기도 하고 보이지 않기도 하는 절벽과 암초들이 많이 있다. 또 이 섬에는 사람도 많이 살고 있고 식량도 많이 생산해 낸다. 말과 소도 많은데 이것들을 매년 왕에게 공납貢納하고 있다. 주민들은 평범한 사람들이고 가난하며 본토인들에게 천대받고 있었다.* 나무들이 우거져 있는 높은 산이 하나 있고, 나머지 산들은 민둥산인 경우가 대부분이었지만 계곡들이 많이 있어서 그곳에서 쌀이 재배되고 있었다.

*"켈파르트 섬은 오랫동안 죄수들의 유배 장소였으므로 섬 주민들은 교양이 없다. 대개 말과 가축을 많이 기르며 산다."|그리피스, 「조선」, 1905, 2011.

5월 말경에 국왕으로부터 고대하던 소식이 도착했다. 한편으로는 이 답답한 감옥으로부터 해방된다는 것이 기뻤다. 6, 7일 후에 우리는 4척의 정크선에 나누어 타게 됐는데 두 다리와 한 팔은 배에 묶이는 꼴이 되었다. 이것은 우리들이 정크선 한 척을 빼앗아 버릴까 봐 우려한 때문이었다. 만약 우리들을 자유롭게 내버려 두었다면 그랬을지도 모른다. 왜

냐하면 이번 항해 중에 우리를 호송하는 대부분의 병사들이
배멀미를 했기 때문이다. 그렇게 이틀이나 앉아서 기다리고
있었는데 때마침 역풍이 불어서 정크선이 항해를 할 수 없었
기 때문에 우리는 배에서 풀려나와 감옥으로 되돌아왔다. 4,
5일 후에 바람이 다시 순조로워져서 아침 일찍 정크선에 탔
고 전과 같이 묶이고 감시를 받았다. 닻을 올리고 돛도 세우
고 출발해서 저녁에는 본토에 도착해서 입항했다.

아침에 상륙했는데 역시 병사
들의 엄한 감시를 받았다.

제주에서 서울까지 하멜 일행의 북상로

그 다음 날 말을 타고
해남海南이라고 불리는
곳까지 갔다. 정크선이
도착한 장소가 각각 달랐
기 때문에 우리들 36명은 그날
저녁에야 다시 만나게 되었다. 다음 날
약간의 음식을 먹고 다시 말을 타고 저
녁 무렵쯤 영암이라고 불리는 고장에 도
착했다. 그날 밤 프르메렌드 출신의 포수
파울루스 얀스 쿨이 죽었다. 그는 우리
가 난파당한 후로 한 번도 건강해 본
적이 없었다. 영암 군수의 명령으로 그
는 우리들 앞에서 매장되었다. 우리들은
묘지에서 말을 타고 다시 출발하여 저녁
에 나주라는 곳에 도착했다.

서울
공주
연산
은진
여산
전주
금구
태인
정읍
장성
나주
영암
해남
제주

다음 날 아침 우리는 다시 떠나서 그날 밤을 장성長城이라는 곳에서 보냈다. 다음 날 아침에 나선 우리는 입암산성笠巖山城이라고 불리는 산성이 있는 높은 산을 넘어 정읍에서 밤을 보냈다. 다시 아침에 떠나서 저녁에는 태인泰仁에 도착했다.

다음 날 아침 다시 말을 타고 정오 무렵에 금구金溝라고 불리는 조그마한 마을에 도착해서 그곳에서 점심을 먹고 다시 떠나 저녁에는 전주라는 큰 고장에 도착했다. 전주는 옛날에 왕국이 있었는데 지금은 전라도 관찰사觀察使가 살고 있었다. 이곳은 상업 중심지로 전국적으로 유명한 곳인데

내륙에 있기 때문에 뱃길로는 갈 수 없는 곳이다.

다음 날 아침 전주를 떠나 여산礪山* 이라는 곳에 도착했
는데 이곳이 전라도의 마지막 고장이었다.

다음 날 아침 말을 타고 떠나 저녁에 충청도의 은진恩津이
라는 곳에 도착했다.

다음 날 연산으로 가서 하룻밤 묵고 그 다음 날 저녁 공
주라는 고장에 도착했는데 충청도의 관찰사가 사는 곳이라
했다.

다음 날 큰 강을 지나 경기도에 이르렀는데 수도는 여기
에 있었다.

여산 전라북도 익산군 여산면 지역에 있었던 조선 시대의 도호부. 전라도와 서울 방면의 길목에 위치하여 관내에 양재역이 있었고, 병자호란 때에는 이곳에 의병청이 설치되었다.

입암산성의 남문지와 성곽
입암산성은 전라도를 방어하는 데 중요한 곳으로 노령산맥에 이어져 전라북도 정읍과 경계를 이루고 있는 산성이다. 높이 626m인 입암산의 계곡 능선을 따라 만든 포곡식 산성으로 약 3.2km 정도 남아 있다. 고려 시대 이전에 만들어진 것으로 보이며, 조선 시대 태종 9년[1409]에 고쳐 쌓았다. 원래 바다보다 육지가 더 낮은 나라 사람들인 하멜 일행은 그런 산을 올라가 본 적이 없을 것이다.

다시 며칠을 여행하여 몇 고장과 마을에서 밤을 보낸 후에 드디어 큰 강(한강)을 넘었는데 도르트레흐트에 있는 마스강만큼이나 컸다. 배로 강을 건너 3km 정도 말을 타고 가니 큰 성벽에 둘러싸인 서울이라는 도시에 도착했는데, 이곳이 바로 왕이 사는 곳이었다. (모두 약 500km에서 550km 정도를 여행했는데 가끔 서쪽으로 꺾는 경우도 있었지만 대부분은 북쪽을 향해서 왔었다.)＊

서울에 도착하여 처음 2, 3일 동안은 모두 한 집에 수용되어 있었으나 다음에는 2~4명씩 나뉘어져 중국에서 도망쳐 온 사람들 집으로 분산 수용되었다. 숙소가 정해진 후 곧바로 국왕(효종)＊ 앞에 끌려갔다. 왕은 벨테브레를 통하여 우리에게 이것저것을 물어 왔다. 우리는 왕에게 '폭풍우를 만나 낯선 땅에 오게 되어 부모, 처자식, 친구, 애인을 못 보게 되었다.' 라고 온갖 수단을 다하여 대답했다. 또 왕에게 '우리에게 자비를 베풀어 일본으로 보내 동포도 만나고 다시 고국으로 돌아가게 해 달라.' 고 요청했다. 왕은 벨테브레를 통해 '외국인을 국외로 내보내는 것은 이 나라 관습이 아니므로 여기서 죽을 때까지 살아야 하며, 대신 너희들을 부양해 주겠다.' 고 대답했다. 그리고 왕은 우리더러 네덜란드 식으로 춤을 추

＊네덜란드 사람들은 하루에 45km 정도를 갔다. 서울까지 가는 길은 적어도 12일 걸렸다. 조선의 자료에 의하면 1654년 6월 26일 서울에 도착했다(레드야드, 51).

효종(1619~1659) 조선 제17대 왕(재위 1649~1659). 어머니는 인열왕후仁烈王后. 1626년 봉림대군에 봉해지고 1636년 병자호란으로 소현세자와 함께 청나라에 볼모로 잡혀가 8년간 있었다. 이후 1649년 왕위에 올랐을 때, 김상헌·송시열 등을 중용, 북벌 계획을 수립하기도 했다.

창덕궁에 불려 간 하멜 일행이 효종을 알현하고 있는 모습.
ⓒ 1668년, 로테르담 간, 「스티히터」 판.

46 |

게 하고 노래도 부르게 하고 우리들이 알고 있는 모든 것을
보이도록 했다. 왕은 나름대로 우리를 잘 대해 주었으며 일
인당 포목布木 2필씩을 주어 이 나라 복식服飾으로 옷을 지어
입게 했다. 그리고 우리는 숙소로 돌아왔다. 그 다음 날 훈
련대장* 호출을 받아 갔는데 그는 벨테브레의 통역을 통해
왕이 우리를 친위병으로 삼았다는 말을 전했다. 우린 매달
70캐티에 상당하는 쌀을 받게 된다는 것이다. 또 각자에게
나무로 된 둥근 호패號牌를 주었는데 거기에는 조선말로 우
리들의 이름, 나이, 국적(네덜란드 사람), 왕을 위해 우리가
할 역할 들이 문자로 새겨져 있었고 그 위에 왕과 장군의 낙
인이 찍혀 있었다.*

그리고 화승총|머스킷총| 한 자루씩과 화약,
총알을 지급받았고 초하루와 보름 때
마다 장군에게 와서 고개 숙여 충성을
표해야 한다고 명령받았다. 그들 사이
에서는 봉록俸祿이 낮은 사람은 높은 사
람에게, 조정의 관리들이 왕에게 그러는
것처럼 인사를 드려야 하는 것 같았다.

일 년에 6개월 동안 훈련대장과 조정에
근무하는 모든 사람들은 조정에 출근하고
왕을 수행한다. 군사들은 봄에 3개월, 가을
에 3개월 훈련을 받는다. 매달 3번씩 사격
훈련과 그 밖의 전술 훈련을 하러 다녀온다.
전쟁 연습이 행해지면 세상의 모든 책임이

호패
조선 시대의 신분 증명서로 태종 때부터 남자가
15세 이상이면 차고 다니게 하였다. 앞면에는 주소,
본관, 성명, 직역職役, 태어난 해의 간지 등을
기입하고 뒷면에는 발행한 관아의 낙인을 새겼다.
ⓒ 광주민속박물관.

그들 어깨에 달려 있는 듯했다. 중국인 친위병과 벨테브레가 우리를 통솔하여 조선식으로 우리에게 가르치고 감독하게 되었다. 우리 각각에게는 필수품을 조달하고 옷을 만들도록 포목 2필씩이 지급되었다.

매일 우리는 고관들의 집을 방문하도록 명령받았는데 그들과 그들의 가족이 우리를 보고 싶어하기 때문이었다. 제주도 사람들이 우리가 사람이라기보다는 괴물과도 같다는 소문을 퍼뜨렸던 것이다. 그들에 의하면, 무언가를 마시려면 우리가 귀 뒤쪽으로 코를 돌린다든지, 머리카락이 금발이기 때문에 인간이라기보다는 수중동물水中動物처럼 보인다든지 등등의 말을 했다는 것이다. 고위층 사람들이 매우 놀라고 자기들보다 우리가 더 나아 보인다고 생각하는 점은 우리 피부가 희다는 점이었는데, 그들은 흰 피부를 몹시 선호했다. 한마디로 처음에 우리는 우리가 살고 있는 골목길도 제대로 다니지 못하고 심지어 집에서조차 구경꾼들 때문에 편히 쉬질 못했다. 마침내 장군이 그의 허락 없이는 아무도 찾아가지 못하게 했다. 때로는 노복奴僕들도 주인 몰래 우리를 불러내어 놀렸기 때문이다.

8월에 만주[청나라] 특사가 매년 받아 가는 조공朝貢*을 받아 가려고 왔다. 왕은 청나라 칙사勅使가 서울에 머무르는 동안 우리를 커다란 성채城砦로 파견했다.* 이 성채는 서울로부터 약 45 내지 50km 정도 떨어진 아주 높은 산 위에 있었는데, 가파른 오르막길을 약 15km 정도 올라가면 있었다. 그곳은 튼튼한 요새라서 왕이 전쟁시에 피난하는 곳이었다.

*공물은 중국에서 가지러 오는 것이 아니라 중국으로 보내는 것이기 때문에 이는 잘못 기술記述된 것 같다. "조선은 1643년에 공물의 1/3을 면제받았다. 그리고 그 다음 해에는 세자 책봉을 받으러 북경을 갔던 왕자를 조선으로 보낼 때, 중국은 공물 절반을 면제해 주었다. 1년마다 또는 반년마다 북경으로 공물을 보냈는데 그때 상인들이 많이 따라갔기 때문에 보낸 공물의 양보다 더 많은 이익을 챙겨 왔다."[로스, 『조선사』, 288, 365].

*그리피스의 『조선』에 의하면 하멜은 그와 그의 동료들이 다른 곳으로 보내진 이유를 말하지 않고 있지만, 그 이유는 외국인이 왕의 군대를 훈련시켰다는 사실을 감추기 위해서였을 것이다. 북경에서는 새로 즉위한 왕[효종]에 대해 곧잘 의심했다[그리피스, 『조선』, 1905, 172].

이 나라의 고관高官이 살고 있었으며, 항상 3년분의 식량이
저장되어 있어 수천 명의 사람이 그곳에서 지낼 수 있었다.
그 요새는 남한산성이라 하였고 우린 청나라 칙사가 떠난 9
월 2, 3일경까지 그곳에 있었다.

　11월 말이 되니 날씨가

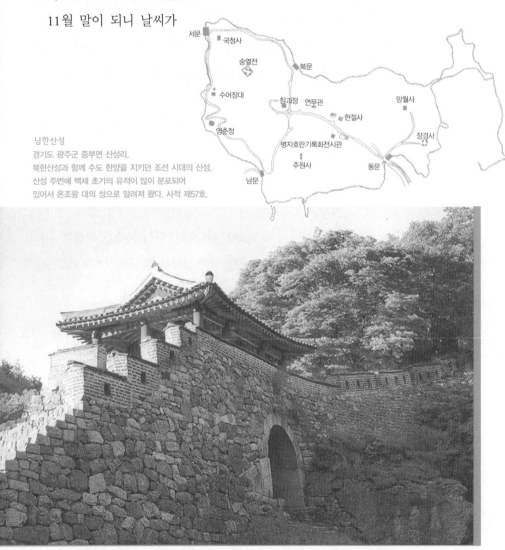

남한산성
경기도 광주군 중부면 산성리.
북한산성과 함께 수도 한양을 지키던 조선 시대의 산성.
산성 주변에 백제 초기의 유적이 많이 분포되어
있어 온조왕 대의 성으로 알려져 왔다. 사적 제57호.

몹시 추워져서 서울 밖 3km 정도 되는 곳에 떨어져 있는 강이 단단하게 얼어 붙어 200~300마리 정도의 짐을 가득 실은 말들이 줄을 지어 건너다닐 수 있었다. 12월 초에 장군은 우리가 추위와 가난으로 고생하는 걸 보고 왕에게 보고했다. 왕은 제주도에 난파된 배에서 가져온 가죽을 우리에게 주도록 명령했다. 이 가죽은 말려서 배로 이곳까지 운반된 것인데 대부분은 썩고 좀이 먹은 것들이었다. 우리들은 그것을 팔아 생긴 수익으로 추위를 막을 물건을 사야 했다. 하지만 우린 그 돈으로 2, 3명씩 살 집을 몇 채 사자는 데에 동의했다. 매일 우리더러 땔감을 해 오라고 괴롭히는 주인으로부터 벗어나고 싶었기 때문이다. 차가운 추위 속에 20km 이상의 산길을 다녀오는 일은 그 일에 익숙치 않은 우리로서는 견디기 힘들었다. 하나님이 우리 문제를 해결해 주지 않는 한 기대해 볼 해결책이 없다는 걸 깨닫고 이 이교도異敎徒들로부터 계속 괴로움을 당하느니보다는 차라리 추위를 견디는 편이 나을 것 같아, 각각 은전 3, 4테일tael° 씩을 추렴하여 한 채에 8, 9테일씩 하는 조그마한 집들을 샀다. 나머지 돈은 옷을 사서 겨울을 지냈다.

테일 테일의 어원은 말레이시아어 tahil이라 하나, 중국 등지의 무게 단위로 1테일은 37.8g 정도 된다. 하멜은 우리 나라에서 쓰던 한 냥, 두 냥의 양兩을 이렇게 표기한 것으로 보인다.

1655

3월에 전에 말한 청나라 칙사가 다시 왔다. 우리는 집에서 나오지 말라는 명령을 받았다. 그 청나라 칙사가 떠나던

날 암스테르담 출신의 일등항해사 헨드릭 얀스와 할렘 출신의 포수 헨드릭 얀스 보스가 땔감 하러 간다는 핑계를 대고 숲 속으로 가서 청나라 칙사가 지나가기로 되어 있는 길에 숨어 있었다. 수백 명의 기병과 보병의 호위를 받으며 그가 지나가는 순간, 얀세 일행은 그들 대열 사이를 뚫고 들어가 칙사가 탄 말의 고삐에 매달렸다. 조선옷을 벗어 버리고 네덜란드 복장으로 청나라 칙사 앞에 서 있었는데 (그들은 조선옷 속에다 네덜란드 옷을 입고 있었다.) 곧 엄청난 소동이 일어났다.

청나라 칙사는 그들이 누구인지를 물었으나 말이 통할 리 없었다. 그는 우리 항해사더러 그가 저녁에 묵을 곳까지 같이 가자고 했다.* 그는 호위한 사람들에게 항해사의 말을 통역할 사람이 없느냐고 물었고 곧 벨테브레가 왕의 명령으로 오게 되었다.

우리도 왕궁으로 끌려갔다. 대신회의 앞에 붙들려 나가서 이 일을 아느냐는 질문에 모르는 일이라고 대답했다. 그럼에도 불구하고 우리들 동료가 도망쳤다는 걸 알리지 않았다는 이유로 볼기에 50대씩 곤장을 맞았다. 왕은 계속 보고를 받고 있었는데 곤장친 일에 대해서는 못마땅하게 여겼고, 우리가 조선에 온 이유는 약탈하려는 것이 아니고 폭풍 때문이었다며, 따로 명령이 있을 때까지 집에 있으라고 되돌려 보냈다.

항해사*와 벨테브레가 청나라 칙사가 있는 곳에 도착하자 여러 가지 질문을 받았으며, 왕이나 고문관은 이 사실이

* 홍제교 부근에 청나라 칙사가 관복을 벗고 여행하는 데 편안한 옷으로 갈아 입는 여관이 있었다[레드야드, 135].

* 조선의 훈련도감 자료에 그 두 사람의 한국식 이름이 언급되어 있다. 헨드릭 얀스는 남북산으로, 헨드릭 얀스 보스는 남이안으로 각각 나와 있다. 이 사실로부터 모든 네덜란드 사람에게 남씨 성을 준 것으로 추정된다.

중국 황제에게 알려질까 봐 칙사에게 뇌물을 주어 매듭지으려 했다. 그들은 제주에서 그들이 건져낸 물건과 총을 공물로 내놓으라 할까 봐 겁이 났던 것이다. 우리 항해사와 포수는 서울로 압송되어 감옥에 수감되었는데, 얼마 후에 죽게 되었다. 우린 그들을 면회하는 것이 금지되었기 때문에 그들이 자연사했는지 참수되었는지 분명히 알지 못했다.＊

6월에 청나라 칙사가 다시 오게 되었을 무렵, 우리 일행은 포도대장에게 소환되어 갔는데 거기에서 벨테브레가 왕의 칙지勅旨라면서, 제주도에 배가 난파되어 왔는데 벨테브레 자신은 고령高齡으로 갈 수 없다는 말을 했다. 그래서 우리들 중 조선말을 가장 잘 하는 세 사람이 그 배가 어떤 배인지를 확인하기 위해 내려가야 했다. 2, 3일 뒤에 조수 한 명, 포수, 그리고 선원인 한국인 병졸을 대동하고 제주로 내려갔다.＊

8월에 앞서 말한 두 죄수가 죽었다는 소식과 청나라 칙사가 다시 왔다는 소식을 들었다. 우리는 집에 갇혀 엄중한 감시를 받았고 체형體刑의 위협도 받았다. 청나라 칙사가 떠나기 2, 3일 전부터는 외출까지 금지되었다. 청나라 칙사가 오기 바로 전 세 명의 동료들로부터 온 편지를 받았는데, 그들은 이 나라의 최남단 성채에 있으며 엄중한 감시를 받고 있고, 청나라 황제가 우리들의 존재를 알게 되어 호출할 경우에 대비해서 그곳에 보내진 것이라 전했다. 만약 그랬다면 (황제가 그런 요구를 했다면) 목사는 그들이 섬으로 가다가

＊"네덜란드 포로의 우두머리 격인 일등항해사가 청나라 칙사를 따라 본국으로 도망치려 했을 때 그는 참수되었고, 조선측에서는 다른 사람들도 모두 죽이겠다고 위협했다."(비츤, 1705, 50) "벨테브레가 죄수들의 운명에 대해 아무 것도 알아내지 못하고 말하려고도 하지 않았다는 것은 이상하다."(후틴크, 26) 조선의 자료에 의하면 "청나라 사신이 왔을 때 그들 중 하나인 남북산이 사신이 가는 길목에서 그에게 탄원을 하면서 본국으로 보내 달라고 요청했다. 청나라 사신은 깜짝 놀라면서 나중에 기별할 때까지 억류하고 있으라고 조선에 양도했다. 그러나 남북산은 의기소침해져서 굶어 죽었다. 조정은 이를 매우 우려하였으나 청나라 사람들은 더 이상 묻지 않았다(레드야드, 62).

＊이로 보아 하멜은 조선말을 잘하는 사람 축에는 끼지 못하는 것 같다(후틴크, 26).

배가 난파되었다고 글을 써 올렸을 것이고, 그렇게 해서 우리의 존재를 숨기고 이 나라에 붙잡아 두려 한 것이다.＊ 아마 이따금씩 통역으로 이용하기 위해서인 듯하다「후틴크」, 26l.

연말쯤 청나라 칙사가 빙판氷板을 건너 조공을 가져가려 다시 왔다. 이전처럼 왕은 우리를 잘 감시하라는 명령을 했다.

1656

연초에 청나라에서 이 나라에 두 번 다녀갔으나 우리에 대해 아무런 언급이 없었기 때문에, 왕의 고문관들이나 그 밖의 고관들은 우리들에게 질려서 이제 그만 없애 버리자고 왕에게 간언諫言했다. 3일 동안이나 이 문제에 대해 토의가 있었다. 왕과 왕의 동생＊, 포도대장과 그 밖의 몇몇 고관들은 우리들을 동정하여 이에 반대했다. 장군은 우리를 죽이기보다는, 우리들 한 사람에 대해 조선인 2명씩을 붙여 똑같은 무기로 싸우게 하여 우리들이 모두 죽을 때까지 대결시키자는 제안을 했다. 그렇게 하면 왕도 국민으로부터 공공연히 외국인을 죽였다고 인식되지 않을 것이라는 것이다. 이런 말은 우리 쪽에 호의를 가지고 있는 사람들을 통해 알게 되었다.

왕의 동생 인평대군. 이름은 이요李㴭로 인조의 셋째 아들. 외교 사명을 띠고 청나라에 가서 공을 세웠다. 병자호란의 비분을 읊은 시조가 여러 편 전하며, 글씨와 그림이 뛰어났다.

이런 토의가 있는 동안 우리는 집을 나가지 말라는 명령을 받았다. 우리는 신상에 어떤 위험이 닥칠까 궁금하여 벨테브레에게 물었더니 그는 간단하게 '우리 목숨이 3일간 더 붙어 있으면 앞으로 더 오래 살게 될 것'이라고 대답했다. 국왕의 동생이 그 회의를 주재했는데 그가 다니는 길은 우리 동네를 지나야 했다. 우리는 그를 보자 그 앞에 엎드려서 탄원했다. 그가 왕에게 이를 전했고 왕과 그의 동생 덕택에 많은 사람들의 반대에도 불구하고 우리는 목숨을 건지게 되었다.

그러나 우리가 다시 청나라 칙사에게 다가가서 말썽을 피울지도 모른다고 주장하는 반대파의 요구가 있어 왕은 우리를 전라도에 유배하기로 했는데, 오히려 이것은 목숨이 안전하게 된 조처이므로 우리들은 기뻐했다. 왕은 자기의 수입에서 매월 50캐티씩의 쌀을 공급해 주기로 했다.

3월 초에 말을 타고 서울을 떠났다. 벨테브레와 그 밖에 잘 알고 지내던 사람들이 서울에서 3km 떨어진 강까지 나와서 우리를 배웅했다. 우리가 나룻배에 탄 후 벨테브레는 서울로 돌아갔는데 이때가 그를 마지막으로 본 것이었고 그에 관한 소식을 그 이후에는 듣지 못했다.

우린 우리가 서울에 입성할 때 지났던 똑같은 길을 따라 똑같은 고장을 거쳐 갔다. 곳곳마다 식비와 교통비말값는 올 때와 마찬가지로 국비國費로 치러졌다. 마침내 영암이라는 고장에 이르러서 하룻밤 묵었다.

다음 날 아침에 출발하여 오후에는 태창泰倉 '큰 창고'의 의미 혹은 전라 병영兵營 '전라 수비대'의 의미이라 불리는, 성채가 있는 어떤 큰 고장에 도착했다. 그곳에는 관찰사 다음으로 권

위가 있는 전라도 군사령관인 절도사節度使의 관저가 있었
다. 우리와 동행한 병졸이 국왕의 편지와 함께 우리를 절도
사에게 인도하였다. 그 병졸은 작년에 서울에서 이곳으로
온 세 사람의 동료를 데리러 갔다. 그 세 사람은 이곳에서
80km 정도 떨어진 부사령관이 거주하는 성채에 있었다.*

　3일 후에 세 사람이 합류하게 되어 우린 모두 33명이 되
었다.

　4월에 그 동안 제주에 방치되었던 녹피鹿皮를 얻게 되었
는데, 그것은 별로 상태가 좋지 않아 서울로 보낼 만큼은 못
되었기 때문에 그곳에 놓아 둔 것이었다. 우리가 있는 곳이

*여기서의 절도사는 전라 병
마절도사 유정익柳廷益을 뜻
하고, 부사령관은 전라 우수
사를 의미한다. 당시 우수영l
즉 우측 해양 수비대은 해남에
서 서쪽으로 30km 정도 떨
어져 있었고, 좌수영은 내례
포內禮浦, 즉 지금의 여수에
있었다.

전라 병영 고지도1872, 호남읍지와 병영 성곽
전라남도 강진군 병영리. 조선 태종 17년I1417I에 쌓은 길이 1060m 가량의 평지성인데, 현재 성벽의 기초가 되는
아랫 부분만이 남아 있어 재건 중이다. 조선 효종 7년I1656I부터 현종 4년I1663I까지 하멜 일행이 머물렀던 곳이다.

하멜 일행이 제도에 살 때, 관청 뜰의 풀을 뽑고 있는 모습.
ⓒ 1668년, 로테르담 간, 「스티히터」 판.

제주로부터 90km 정도밖에 떨어져 있지 않았고 해안과 가까운 곳이라서 그 가죽을 쉽게 이곳까지 보낸 모양이다. 이 가죽으로 옷을 몇 벌 장만했고 새로운 숙소에 필요한 필수품도 준비했다. 병마절도사는 우리에게 한 달에 두 번씩 군청 앞의 광장과 장터의 풀도 뽑고 청소도 하라고 명했다.

1657

연초에 절도사는 직무상 과실 때문에 왕의 명령에 의해 다른 곳으로 전출되었다. 그는 생명까지 위태로웠으나 백성으로부터 흠모를 받고 있었고, 고위층의 개입과 명문 출신이라는 이유로 왕으로부터 사면을 받아 더 고위직으로 영전하게 되었다. 우리들에게나 백성들에게 그는 참 잘해 주었었다.

2월에 새 절도사가 부임했는데 전임자前任者와는 딴판이었다. 그는 우리에게 자주 일을 시켰다. 전임자는 땔감을 지급해 주었는데 신임 절도사는 이 특혜를 없애 버려서 우린 스스로 나무를 해 와야 했다. 땔나무를 구하기 위해 산을 넘어 20km 정도 가야 했는데 몹시 힘이 들었다. 그러나 9월에 그에게서 놓여날 수 있었다. 그가 심장마비로 죽었던 것이다. 그는 가혹한 통치를 했기 때문에 우리와 백성들은 모두 기뻐했다.

11월에 조정에서는 신임 절도사를 파견했는데 그는 우리에게 전혀 관심이 없었다. 우리가 의복 등이 필요하다고 말했더니 그는, 왕이 우리 몫의 쌀을 지급하라는 것 이외에는 아무 명령도 하지 않았다면서 우리가 필요한 것은 알아서 구해야 할 것이라고 대답했다. 우리들의 옷은 계속 땔감을 해 오는 통에 다 해어졌고 또 겨울은 닥쳐왔다.

이 조선 사람들은 외국의 풍물에 대해 몹시 호기심이 많고 듣고 싶어했다. 이 나라에서는 구걸한다는 것이 수치가 아니라는 것을 알았기 때문에 구걸이라도 해서 어려움을 타개하지 않을 수 없었다. 우린 이런 상황을 받아들이고 그 일을 참아 내기로 했다. 구걸과 남아 있는 식량과 필수품으로 추위에 나름대로 대비할 수 있었다. 우리는 쌀과 함께 먹는 소금 한 줌을 구하려고 보통 3km 이상을 걸어야 했기 때문에 이 사실을 절도사에게 호소했다. 우리는 3, 4일 동안 교대로 나갈 수 있게 해 달라고 요청했다. 왜냐하면 땔감을 해서 사람들에게 팔다 보니 옷이 다 해어지고 오래 되었고, 식사는 쌀과 소금 그리고 물로만 해야 하니 몹시 비참하고 버거워, 농민들에게 아니면 여기저기 산재해 있는 절에 가서 되는대로 구걸을 해서 겨울을 지내고자 했기 때문이다. 그가 허락하였고 우리는 이런 식으로 옷가지를 얻어 겨울을

변박의 초량왜관 도
동래[부산]에 있는 일본인 촌. ⓒ 국립중앙박물관.

*동래 왜관. "1876년까지의
부산의 왜관은 1592년부터
1597년까지의 왜란에서 조선
이 치욕적으로 패배했다는
것을 계속 보여 주는 증거였
고 조선인들의 자존심에 계
속해서 상처를 주는 일이었
다."[그리피스, 『조선』, 1905, 150].

지낼 수 있었다.

1658

연초에 전임 절도사가 전출되고 후
임으로 신임 절도사가 부임했다. 신임
절도사는 우리에게 외출을 금지하고 대
신 1년에 3필의 포목을 지급하겠다고
했다. 그걸 얻기 위해 우리는 매일 일을
해야 한다는 것이다. 그러나 옷을 만드
는 데나 부식, 땔감 그 밖에 다른 필수품
을 구입하려면 그 정도로는 부족했다.
게다가 그 해는 흉년이어서 모든 게 비
쌌다. 그래서 이를 정중히 거절하고 교
대로 15일 내지 20일의 휴가를 요청했
다. 그는 이에 동의했다. 더욱이 장티푸
스가 우리들 사이에 퍼졌는데 그들은
이를 몹시 싫어해서, 잔류자들은 병자
를 간호하고 휴가를 간 사람은 서울 근처나 일본인 정착촌*
가까이 가면 안 된다고 못박았다. 우린 또한 잡초도 뽑고 그
밖의 허드렛일도 해야 했다.

1659

4월에 왕*이 죽고 청나라의 동의를 얻어 그의 아들|현종|이 즉위했다. 우리는 전처럼 그럭저럭 지냈다. 우린 스님들과 사이가 가장 좋았는데 그들은 매우 관대하고 우리를 좋아했으며, 특히 우리가 우리 나라나 다른 나라의 풍습을 말해 주면 좋아했다. 그들은 외국 사람들의 삶에 대해 듣기를 좋아했다. 만약 그들이 원하기만 했다면, 그들은 밤을 새도록 우리들의 이야기에 귀 기울였을 것이다.

*17대 왕인 효종은 아버지가 그를 볼모로 보냈던 중국의 '묵덴'에서 그의 정치 경력을 시작했는데, 즉위 2년째인 1650년 해군을 조직하였다. 그는 1659년에 죽었다. 18대 왕인 현종은 '묵덴'에서 태어났는데 아버지보다 1년 먼저 조선으로 돌아왔다|파커, "조선", 『차이나 리뷰』, XIV, 63|.

1660

올해 초|현종 즉위 1년|* 우리는 전임 절도사로부터 벗어났고 새 절도사를 맞이했다. 신임 절도사는 우리에게 동정적 입장이었다. 그는 가끔 자기가 권한만 있다면 우리를 본국의 부모 형제 곁으로 보내 주고 싶다고 말했다. 그는 우리에게 자유를 주었고 두 사람의 전임자가 우리에게 지웠던 부담을 없애 주었다. 이 해는 작물의 수확이 대단히 저조했다.

현종|1641~1674| 조선 제18대 왕|재위 1660~1674|.

1661

비가 내리지 않았기 때문에 곡식과 그 밖의 다른 작물을 별로 수확하지 못했다.

1662

올해는 추수를 할 때까지 상황이 더 어려워서 수천 명의 사람이 기근으로 죽어갔다. 도로를 이용하기가 어려웠는데, 그건 도둑들이 많았기 때문이다. 왕의 명령으로 모든 도로에 경비대가 주둔했는데, 그것은 여행자의 안전을 도모하기도 하고 길거리에서 아사餓死한 사람들을 매장하기도 하며, 매일같이 일어나는 살인이나 강도를 예방하기 위해서이기도 했다. 몇몇 고장과 마을들이 털리고 국고*가 습격당해 곡물을 강탈당했는데 범죄자들이 잡히지는 않았다. 그 이유는 대부분 고관들의 하인이 그 일을 저질렀기 때문이다. 백성들은 대부분 도토리, 소나무 안껍질, 풀로 연명해 갔다. 이제 이 나라의 위치와 그 국민들이 사는 모습에 대해 조금 이야기하겠다 (「조선국에 관한 기술」 참조).

*쌀 창고는 해안의 몇 군데에 있었는데 인근 지역의 기근에 대비했고, 공덕功德에 따라서 구호물 지급자에게 왕이나 지방이 내리는 상을 주었다.”[파커, “조선”, 「차이나 리뷰」 XIV, 129].

1663

3년 이상 기근이 계속되어 많은 사람들이 죽었다. 앞서 말한 바와 같이 일반 백성들은 수확이 거의 없었다. 그러나 저지대나 하천 유역에 위치한 고장은 다른 고장에 비해서 수확이 좀더 있었고 그곳에서 약간의 쌀을 생산해 낼 수 있었다. 그마저도 없었더라면 국민 전체가 굶어 죽었을지도 몰랐다. 올 초에 우리 수군절도사當時 수군절도사는 구문치具文治는 더이상 우리 몫의 쌀을 지급할 수가 없어서 이를 전라도 관찰사전라도 관찰사는 이태연李泰淵에게 편지로 알렸다. 우리의 식량은 왕의 세입稅入에서 나오는 것이기 때문에 왕에게 알리지 않고서는 우리를 다른 곳으로 보낼 수 없었다.

2월 말에 절도사는 우리를 세 고장으로 분산시키라는 명령을 받았다. 즉 여수*에 12명, 순천*에 5명, 남원*에 5명씩으로 분산되었는데 우린 그때 모두 22명이 살아 있었던 것이다.*

이렇게 헤어지게 되니 몹시 슬펐다. 이 곳에서 이 나라 관습에 따라 집, 가구, 조그마한 텃밭을 마련하여 그런대로 안정된 삶을 살았었는데, 몹시 어렵게 장만한 이런 것들을 다 두고서 떠나야 하게 되었다. 이렇게 어려운 시절이 계속되면 새로운 고장으로 옮겨가도 이만큼 편안하지는 않을 것 같았다. 그러나 이 슬픔은 구출된 사람에게는 (다시 말해서 일본으로 탈출한 사람들에게는) 기쁨으로 변하게 되었다.

3월 초에 절도사와 작별하고 그에게서 받은 대우에 감사하면서 우린 각각의 고장으로 떠났다. 관찰사는 환자와 우리 소지품을 위해 말을 지급해 주었으나 건강한 사람은 걸어가야 했다. 순천과 여수로 가는 사람은 같은 길로 떠났다. 도중에 이곳저곳 묵으면서 나흘이 걸려 순천에 당도했다. 이곳에 남기로 된 5명을 남겨둔 채 다음 날 이곳을 떠났다.

*하멜은 여수라고 말하지 않았고 saijsingh[새성]이라든지 naijsingh[내성]이라 했다. 그 말 뜻은 전라도 서쪽 수군 지대라는 뜻인데[좌수영] 내례포에 있다[레드야드, 70]. 1593년까지 이 지역은 조선의 가장 유명한 해군 사령관[수군 통제사]인 이순신 장군의 수군 본부였다.

순천 조선 왕조 초기에 전라도 수군 본부였다.

남원 한때 전라북도의 행정 중심지였다. 남원 성채의 유적은 아직도 남아 있다.

*1656년 전라 병영에 도착했을 때 그들 숫자는 33명이었는데 7년 뒤에 22명이 되었다. 11명의 사람이 사망했음이 틀림없다.

그날 밤은 국가의 창고에서 잠을 자고 다음 날 새벽에 출발, 9시경에 여수에 도착하여 우리와 동행한 관찰사의 부하가 우리를 그곳의 사령관, 즉 전라도 수사水使에게 인계했다. 그는 곧 가구가 약간 붙어 있는 집을 제공하고 여태까지 받았던 것과 같은 식량 배급을 주었다. 그는 선량한 사람 같았는데 우리가 도착한 지 이틀 후에 떠나게 되었다.

전임 좌수사가 떠나고 3일 후에 그 후임이 부임했는데, 이게 우리에게는 시련이었다. 매일 우리는 여름철에는 뙤약볕 아래서, 겨울에는 눈비를 맞으며 아침부터 저녁까지 대기 자세로 서 있어야 했다. 날씨가 좋으면 하루 종일 화살을 주웠는데, 그 이유는 그의 부하들이 일등사수*가 되려고 활 쏘는 연습만을 했기 때문이다. 그리고 그는 우리에게 일도 많이 시켰는데, 기독교인을 괴롭혔다는 이유로 전능하신 하나님이 그 죄값을 받게 한 이야기는 나중에 하겠다. 우리는 커다란 슬픔 속에 기운 없이 터벅터벅 같이 다녔다. 겨울은 다가오는데 흉년 때문에 여벌의 옷이 없었다. 다른 고장에 사는 동료들은 그곳의 작황作況이 한결 나아서 우리보다는 옷을 더 낫게 입을 수 있었다. 이를 좌수사에게 상신上申

*여수 앞 바다에 있는 조그마한 섬 오동도는 아주 다양한 대나무로 유명한데 조선의 궁사弓士들이 이를 화살로 썼다.

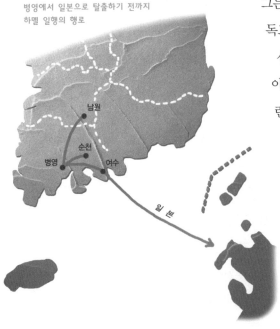

병영에서 일본으로 탈출하기 전까지 하멜 일행의 행로

남원
순천
병영 여수
일본

하여 3일간씩 교대로 우리들 중 절반은 일을(의무를) 하고 나머지 절반은 식량을 구하러 다니도록 해 달라고 요청했다. 이 일은 결국 잘되었다. 고관들이 우리를 동정하여 기일에 대해서는 묵인해 주는 분위기가 되었다. 그래서 우리는 15일 내지 30일 가량 외출하여 얻어 온 것들을 똑같이 분배했다. 이는 현 좌수사가 이임할 때까지 계속되었다.

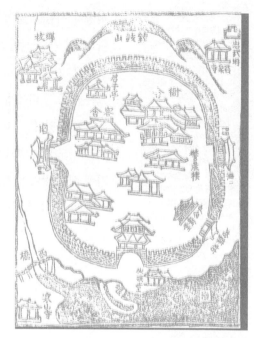

여수 좌수영 고지도

1664

올 초에 우리 좌수사의 임기가 만료되었다. 왕은 그를 장수의 지위, 그 지방의 2인자로 임명했다. 그래서 신임 좌수사가 오게 되었는데, 그는 곧 모든 일로부터 우리를 해방시켜 주었고 다른 고장에 사는 우리 동료보다 일을 더하지 않도록 명령했다. 즉 한 달에 2번 점호를 받으면 되었고 교대로 집을 관리하면 되었다. 외출에 대해서는 허락을 받거나 서기에게 우리가 있는 곳을 알리기만 하면 되었다.

우리는 그런 잔인한 사람에게서 놓여나고 대신 이렇게

※"그들의 배는 앞이나 뒤쪽이나 납작했으며 물 위에 조금 들릴 뿐이었다. 항해를 나설 때는 노를 저었으며 배는 방탄 기능이 없었다. 특별한 허락이 없으면 육지에서 멀리 떨어져 보이지 않을 정도로는 감히 나아가지 못했는데 그러기에는 배가 적합치 않았기 때문이다. 배는 아주 가벼운 구조로 되어 있고 거의 쇠붙이를 사용하지 않아서 못도 나무로 만든 것을 썼다. 닻도 나무로 만든 것이다. 그 배는 중국까지 항해한다."에 보켄의 말, 비츤 I, 56l. "조선 사람은 배타기를 업으로 삼는 백성은 아니다. 조선인은 아주 드문 경우를 빼고는 육지에서 먼 곳으로 항해하지 않는다. 고깃배의 선머리와 선미船尾는 비슷하고 나무못을 잘 박아서 맞춘다. 고깃배는 자연 상태 그대로의 둥근 나무통을 돛대로 쓴다. 돛은 짚으로 만드는데, 대나무 가로대와 함께 엮어 쓴다. 돛은 선미에 있다. 조선 사람은 일반적으로 풍속계의 세점 이내에서는 항해술이 뛰어났는데, 특히 어부들은 그 조정이 아주 능숙했다."I그리피스, 「조선」, 1905, 195l. "조선인은 일본으로 항해하는 법이 거의 없긴 하지만 일본이 어디에 있는지 얼마만큼 떨어져 있는지를 알고 있다. 네덜란드인들이 그런 정보를 엿듣지 않았더라면 그들은 일본으로 탈출할 수가 없었을 것이다. 네덜란드 인들에게는 지도도 없었고 그들 중 거기에 가 본 사람이 아무도 없었기 때문이다." I비츤 I, 44l.

※"커다란 혜성이 1644년 11월 24일부터 1665년 새해까지 계속해서 관찰되었다."I「홀란드 멜쿠리우스」, XV, 1665, 183l.

선량한 사람을 맞이하게 된 것에 대하여 하나님께 감사했다. 신임 좌수사는 우리에게 좋은 일만 했으며 우정을 보여주었고, 가끔 우리를 불러 술과 음식을 대접하며 위로했다. 그는 종종 우리에게 바닷가에 살면서 왜 일본으로 가지 않느냐고 물었다. 그때마다 왕이 허락하지도 않고 길도 모를 뿐더러 도망갈 배도 없다고 대답했다. 이에 대해 그는 바닷가에 배가 많이 있지 않느냐라고 해서 그 배들은 우리 것도 아니고, 만약 실패하면 왕이 탈주죄뿐 아니라 절도죄로도 벌할 것이라고 대답했다. 우리는 의심을 사지 않기 위해 그렇게 말했었다. 그는 그때마다 크게 웃었다. 이제 우린 어떤 가능성을 발견하고서 배를 구하려 모든 노력을 했지만 구하지는 못했다. 왜냐하면 의심하는 사람 때문에 구매가 수포로 돌아갔기 때문이다.※

전임 좌수사는 6개월간의 재임 기간 동안 가혹한 통치를 했기 때문에 왕의 명령으로 조정에 소환되었다. 귀족I양반l이든 평민이든 가리지 않고 사소한 일을 빌미로 삼아 사람들을 때려 죽였기 때문이다. 이때문에 조정에서 정강이에 90대의 매를 맞고 종신유배를 당했다.

연말쯤에 꼬리가 달린 별I혜성l 하나와 꼬리가 달린 별 두 개가 연이어 나타났다. 첫 번째 별은 남동쪽에 나타났는데 두 달 가량 볼 수 있었고, 다른 하나는 남서쪽에 나타났는데 꼬리가 서로 마주한 모습이었다.※

이 사건은 조정에 큰 동요를 일으켰는데, 왕은 모든 항구와 병선I정크센l을 정비하도록 하고 모든 요새에 군량과 탄약을 공급했다. 무슨 일이라도 일어날 것 같다는 생각에 기병과 보병을 매일 훈련시켰다. 저녁에 해안가에서는 집의 안팎에 어떠한 불도 켤 수가 없었다. 백성들은 다음 추수 때까지 먹고 살 식량을 충분히 확보해 두었다. 왜냐하면 청나라에서 이 나라를 점령했을 때나* 일본이 침략해 왔을 때에도 똑같은 현상[조짐]이 일어났기 때문에 백성들은 걱정스러웠던 것이다. 관리들이나 일반 백성들은 그런 현상이 목격될 때 우리 나라 사람들은 뭐라고 말하느냐고 끊임없이 물어왔다. 우린 그런 현상은 하늘에서 천벌이 내린다거나 전쟁의 전조가 된다거나 흉년이 든다거나 나쁜 병이 퍼질 조짐이라고 생각한다고 했더니, 그들은 수긍을 했다.*

* 「리차드 콕스 2세의 일지」-1618년 11월 7일~12월 23일, 93~105.

* "이곳[Firando] 사람들은 혜성에 대해서 많은 말을 하고 있는데, 이 혜성이 큰 전쟁의 전조前兆라고 이야기하면서 나에게 이 혜성의 의미나 이후에 일어날 일들을 알고 있는지를 물었다; 그 물음에 대해 나는 우리가 살던 곳에서는 혜성이 자주 보였는데 그 의미는 하나님이나 아시지 나는 모른다고 대답했다."[「리차드 콕스 2세의 일지」, 1618년 11월, 94~98].

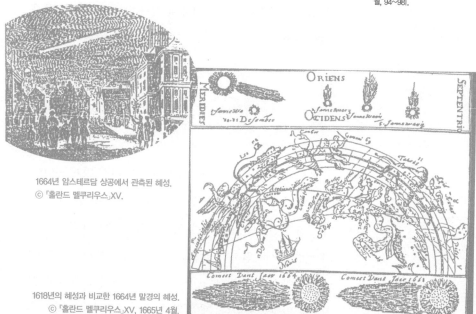

1664년 암스테르담 상공에서 관측된 혜성.
ⓒ 「홀란드 멜쿠리우스」,XV.

1618년의 혜성과 비교한 1664년 말경의 혜성.
ⓒ 「홀란드 멜쿠리우스」,XV, 1665년 4월.

1665

올해에도 우리들의 고생은 여전했다. 배를 구하려 노력했으나 항상 실패했다. 하지만 우린 작은 배를 하나 가지고 있었다. 이 배로 부식감을 구하거나 전능하신 하나님이 언젠가 우리를 구해 주실 가능성을 찾아 섬 이곳저곳을 돌아다녔다.

다른 두 고장에 사는 우리 동료들도 좌수사에 따라 편히 살기도 했다가 고생하기도 했는데, 그들의 좌수사도 우리가 겪은 좌수사처럼 좋은 사람도 있고 고약한 사람도 있었기 때문이다. 그러나 우린 이교도의 국가에 잡혀 있는 불쌍한 포로라는 걸 깨닫고 그들이 우리를 살려 주고 죽지 않게 먹여 주는 것만으로도 하나님에게 감사하며 이 모든 고통을 견뎌야 했다.

1666

올해 초에 우리에게 다정했던 친구를 다시 잃게 되었다. 그의 임기가 만료되어 더 높은 자리로 영전해 갔기 때문이다. 2년 동안 그는 우리에게 많은 호의를 베풀어 주었고 그의 선량함으로 인하여 고장 사람들, 농민들에게서 많은 사랑을 받았으며, 왕이나 고관들로부터는 그의 선정善政과 학식으로 인정을 받았다. 재임 기간 동안 마을이나 농가의 주택을 많이 개량해 주었으며 또 해안과 군함도 정비해 두었다. 이런 모든 것이 조정에서 높이 평가되어 왕은 높은 지위를 내렸던 것이다.*

해안 지대는 사령관(수군좌수사)이 반드시 있어야 하므로 전임자는 신임 수군좌수사가 사흘 후 부임해 올 때까지 떠나지 못했다. 점쟁이의 말에 의하면 그날이 그의 임기를 시작할 좋은 날이라는 것이다. 그는 전에 유배되어 간 좌수사처럼 우리를 교육시키고자 했다. 그러나 그의 통치는 오래 가지 않았다. 그는 우리에게 매일 벼를 찧게 했다. 그래서 우린 전임 좌수사는 이런 일을 시킨 적이 없다는 것, 우리 몫의 식량 배급이 충분치 않아서 옷이나 필수품을 구하기 위해 구걸하고 고생해야 한다는 것, 왕이 우리를 노동하라고 보내지 않았다는 것, 만약 우리가 일해야 한다면 차라리 배급을 받지 않고 나름대로 식량과 의복을 구할 방법을 강구하겠으며, 아니면 차라리 일본이나 본국으로 가겠다고 대답하고 이와 비슷한 다른 주장도 폈다. 그러나 좌수사는 이 말에는 대답하지 않고 물러가라고 해서 우리는 따를 수밖에 없었다.

그러나 상황은 달리 전개되었다. 그런 일이 있은 얼마 후 수군 훈련이 있었다. 포수의 부주의로 항상 돛대 앞에 놓여 있는 화약상자*에 불이 붙어 정크선 앞부분이 날아가 버리고 5명의 병사가 죽는 사고가 발생했다. 좌수사는 이 사고를 관찰사에게 알리지 않고 은폐하려 했으나 일은 거꾸로 진전되었다. 당시 국왕은 암행어사로 하여금 전국의 곳곳을

*"전라 좌수영의 전임 수군 통제사였던 이도빈李道彬은 법규를 어긴 적이 없었다. 그는 아주 양심적으로 할 일을 하고 계속해서 관청[관아, 성, 요새, 군사 장비를 수리하였다. 그는 특히 부하를 사랑과 친절로 다스렸다. 그는 엄격한 상하 속박 관계를 푸는 업무 풍조를 확립했다. 그는 곡식과 포를 후하게 마련하여서 그의 부관들을 환영, 전송할 때 의복비를 감당하였다. 지방의 민병과 그의 명령을 받는 수비대에 속한 정규병들은 오늘날까지도 그를 칭송하고 있다. 1666년 12월 25일"[레드야드, 72].

*"조선 사람들은 1000년 전부터 화약과 인쇄술, 그리고 우리 나라의 나침반과는 달리 생긴 것이기는 하나 나침반을 알고 있었다고 주장한다. 조선 나침반은 조그마한 나무 조각 나침반인데 앞부분은 뾰족하고 뒷부분은 뭉툭하다. 이 나침반을 물통에 던지면 뾰족한 끝이 북쪽을 가리킨다. 나침반 안에 자기력이 들어 있다는 것이 확실하다. 조선 사람들은 나침반의 여덟 방위를 알고 있다.[조선 나침반은 여덟 눈금이다] 또 열십자[十] 모양으로 나무 조각 두 개로 된 나침반이 있는데 열십자로 엇갈려 놓으면 쭉 나온 한 점이 북쪽을 가리킨다."[에보켄의 말, 비츤, 56].

돌며 동정을 살피게 했는데, 암행어사가 전라도 관찰사에게 이 일을 알렸고 관찰사는 곧 조정에 서신을 띄웠다. 왕의 명령으로 좌수사는 소환되어 정강이에 90대의 태형을 받고 종신유배 되었는데, 주된 죄목罪目은 사실을 상관에게 알리지 않고 혼자 처리하려 했다는 것이었다.

다른 상관이 7월에 부임해 왔는데 그도 역시 전임자와 마찬가지로 우리에게 많은 일을 시키려 했다. 우리들 각각에게 매일 일백 패덤fathom|약 180ml°이나 되는 새끼를 꼬라고 했다. 우리는 이 일이 불가능하다고 말하고, 전임자에게 했던 것처럼 우리의 제안을 이야기했다. 그러나 그는 만약 우리가 그 일을 할 수 없다면 다른 종류의 일을 시키겠다고 협박했다. 그의 전임자가 면직되지 않았더라면 그 또한 우리에게 일을 시켰을 것이다. 만약 그가 우리에게 일을 시키면 후임자들도 계속 똑같이 할 것이며, 일단 그런 관행이 이루어지면 쉽사리 바꾸어지기 어렵기 때문에 우리는 노예가 될 것이라는 자각이 들었다. 이는 병영에서 노동을 하고 잡초를 뽑던 경험을 통해 충분히 알 수 있는 일이었다. 만약 우리가 이 특이하고 예외적인 좌수사 재임시에 정상적으로는 쉽게 구할 수 없는 배를 2배나 3배 값이라도 지불하고 살 충분한 돈을 모으지 않았더라면, 우린 계속해서 훈련장에 나가 화살이나 줍는 일을 했을 것이다.

그래서 우리는 배를 구하려고 온갖 수단을 다 모색했다. 이 심술궂은 사람들 밑에서 매일 슬픔에 젖어 노예 상태로 사느니보다 차라리 한번 모험을 해 보기로 했다.

패덤 거리 단위. 1패덤은 183cm 가량.

우린 드디어 매일 우리에게 와서 식사도 함께 하고 술도 같이 한 착한 조선인 친구에게 물어 보기로 했다. 우린 그를 속여서 섬에서 솜을 사 온다는 구실을 붙여 배를 사 오도록 하면서, 솜을 얻어 오게 되면 그에게도 많은 이익을 주겠다고 약속했다. 이렇게 한 이유는 그에게 더 많은 보상을 해 주겠다고 함으로써 꼭 배를 사도록 하기 위해서였다. 그는 곧바로 수소문해 보더니만 한 어부로부터 배를 사 왔다. 우린 그에게 배값을 치르고 배를 인도받았는데, 나중에 그 배를 판 사람은 우리가 자기 배를 샀다는 것을 알자 거래를 물리자고 했다. 왜냐하면 그 거래는 제3자를 통해 이루어진 것이고, 우리들이 틀림없이 그의 배를 타고 도망갈 것이고, 만약 그렇게 되면 자기는 사형될 거라는 것이다. 그래서 우리는 배값의 두 배를 치르고 그를 달랬다. 그는 앞으로 그에게 닥쳐올 괴로움보다는 돈에 눈이 멀었고, 우리는 기회를 놓칠까 봐 서로 합의에 이르게 되었다.

곧 배에다 돛과 닻, 로프와 노 등 필요한 모든 것을 준비하고 음력 초순쯤에 떠나기로 했다. 마침 계절이 바뀌고 있어* 이때가 적기였다. 우린 하나님께 안내자가 되어 달라고 기도했다.

그때 우리 동료인 하급선의下級船醫 마테우스 에보켄과 코넬리스 데릭스가 순천에서 찾아왔다. 우리는 가끔 이런 식으로 왕래를 했던 것이다. 그들에게 우리 계획을 털어놓았더니 그들도 함께 하기로 의견의 일치를 보았다. 순천에 살고 있는 우리 동료 중의 한 사람인 얀 피터슨은 능숙한 항해

* 겨울에는 북풍·서풍이 세고, 여름에는 남풍·동풍이 강하다. 일부 해안 지방과 그 인근 지역에서는 남쪽 섬 지방을 빼고는 북동 계절풍이 없다(라인, "일본의 기후", 「일본 아시아 학회의 회보」, 6권, 1878년, 507 & 509).

사였기 때문에, 그에게 모든 준비가 다 되어 있다는 것을 알리러 사람을 보냈다. 그런데 심부름꾼이 순천에 가 보니 그는 75km나 떨어져 있는 남원으로 동료를 방문하러 가고 없었다. 곧 그 심부름꾼은 그곳까지 그를 데리러 갔다. 4일 후에 얀 피터스와 함께 돌아왔으니 그는 총 225km를 다녀온 셈이다.*

그리하여 함께 만반의 준비를 하니 9월 4일에는 땔감까지 포함하여 모든 준비가 완료되었다. 우리는 달이 지는 때와 함께 썰물이 시작되기 전에 닻을 올리고 하나님을 부르며 출발하게 되었다. 왜냐하면 벌써 이웃 사람들 사이에 수근거림이 있었기 때문이다.

이웃 사람들의 의심을 사지 않기 위하여 그날 밤을 함께 즐겁게 보내는 한편, 쌀과 물, 냄비, 그 밖에 항해에 필요한 물건들을 성벽을 넘어서 배까지 날랐다. 달이 질 때 성벽을 넘어 배에 탄 후에 대포 사정 거리 정도 떨어져 있는 섬에 물을 구하러 갔다. 물을 구한 후에는 다른 배들과 군함 옆을 지나야 했다. 이를 지나고 우린 순풍順風을 만났고 조류潮流도 우리에게 도움을 주었다. 이어 돛을 올리고 만灣을 빠져 나왔다. 새벽녘에 우리를 부르는 배가 한 척 지나갔는데 혹시 감시선 |경비선|일까

하멜 일행이 여수의 전라 좌수영 앞바다에서 배를 타고 일본으로 탈출하는 모습.
© 1668년, 로테르담 간, 「스티히터」 판.

하여 대답하지 않았다.

그 다음 날, 즉 9월 5일 동틀 무렵, 바람이 멎어서 돛을 내리고 노를 젖기 시작했다. 돛을 올리면 그들이 추적할 때 발견될까 우려가 되었기 때문이다. 정오 무렵 서쪽에서부터 날씨가 약간 추워졌다. 다시 돛을 올리고 짐작으로 남동쪽으로 진로를 계속해 나갔다. 저녁 무렵 날씨가 더욱 추워졌다. 조선 땅의 끝점이 우리 뒤로 멀어지고 이제 더 이상 잡힐 염려는 없어졌다.

하멜 일행이 탈출시 이용했던 배와 같은 배. |Henny Savenijiel. 제주국립박물관 야외 전시장.

9월 6일 아침에 일본 열도의 섬 하나에 접근했다. 우리는 여전히 똑같은 바람|서풍|을 받아 속도를 냈다. 우리는, 후에 일본 사람들이 설명한 바에 의하면 피란도|히라도[平戸]|라고 하는 섬 근처에 있었다. 우리들 중에 아무도 일본에 가 본 적이 없었고 조선 사람들로부터 정확하게 들은 바가 없었으며, 단지 나가사키에 이르려면 오른쪽에 섬이 보이지 않아야 된다는 말을 들었기에 방향을 돌렸다. 처음에 그 섬은 아주 작게 보였다. 그날 밤 우리는 섬의 서해안에 머물렀다.

9월 7일 변덕스러운 바람이 불면서 더 추워졌다. 우리는 섬을 따라 항해를 했다. (나중에야 섬들이 서로서로 이웃하여 많이 있다는 걸 알았다.) 이 섬들로부터 벗어나려 애를 썼다. 저녁에 바람이 많이 불어서 그곳에 정박할까 하고 어떤 섬 가까이 노를 저어 갔더니 섬에 햇불들이 많이 보여서, 차라리 항해를 계속하는 게 낫겠다 싶어 차가운 바람을 등 뒤로 하며 밤새 내내 항해해 나갔다.

9월 8일, 어제 저녁에 있었던 곳과 같은 장소에 있다는 걸 알게 되었는데 해류 때문임이 틀림없었다. 다시 이 섬들로부터 벗어나려고 항해를 시작했다. 약 6마일쯤 벗어났을 때 찬바람이 불었다. 바람이 점점 심해졌기 때문에 조그맣고 평범한 배로 해안에 접근하여 만을 찾아내기는 보통 힘든 일이 아니었다. 오후에 어떤 만에 도착하여 닻을 내렸다. 이곳이 어떤 섬인지 모르는 상태로 밥을 지어 먹었다. 가끔씩 사람들이 배를 타고 우리들에게 별다른 관심을 보이지 않은 채 지나갔다.

저녁 무렵 날씨가 누그러졌다. 얼마 후에 칼을 두 개씩 양 옆에 찬 6명을 태운 배 한 척이 노를 저어 우리들 가까이 왔다. 그들은 한 사람을 만 저쪽 해안에 내려 놓았다. 그들을 보자 우린 곧 닻을 거두어 올리고 돛을 올려 노를 저어 바다로 다시 돌아가려 했으나, 그 배가 우리를 쫓아 와서 잡히게 되었다. 만약 바람이 역풍으로 불지 않았더라면, 그리고 만안灣岸의 다른 배들이 첫 배를 지원하러 오지 않았더라면 우린 각목과 죽창으로 그들을 떼어낼 수 있었을 것이다. 그러나 그들이 일본인처럼 보였고, 우리가 들은 소리와 그

들이 우리더러 갈 곳을 가리키는 것 등으로 판단해 우리는 왕세자기|주황색·흰색·푸른색으로 된 좁은 줄무늬의 깃발|를 들어 올렸다. 그 깃발은 만약 일본에 내릴 것을 대비하여 준비해 두었었다.

우리는 "홀란도, 나가사키"라고 소리쳤다. 그들은 돛을 내리고 만안으로 다시 노를 저어 오라고 신호했기 때문에, 우리는 포로라도 되는 것처럼 곧 그대로 했다. 그들은 우리 배에 올라와서 뒤에 앉아 있던 사람을 자기들 배로 데려갔다. 곧이어 우리를 마을 앞으로 끌어 가서 큰 닻과 두꺼운 밧줄로 정박시켜 놓고 작은 범선으로 우릴 지켰다. 그들은 우리 동료 한 사람을 더 연행하여 두 사람에게 질문을 했다. 그러나 서로 말이 통하지 않았다. 해안가에는 큰 소요가 있었다. 옆에 칼을 한두 개 차지 않은 사람은 없는 것 같았다. 우리는 슬픔에 가득 찬 눈으로 서로를 바라보면서 '끝장'이라고 생각했다. 그들은 나가사키 쪽을 가리키며 우리 나라 배와 우리 동포들이 그곳에 있는 걸 표현하는 것 같았다. 이때문에 좀 위로가 되었으나 우리들은 함정에 빠져 도망갈 수 없으며, 단지 그들이 우리를 안심시키려 한다는 의심을 떨쳐 버릴 수 없었다.

밤에 커다란 배가 입항해서 우리를 배에 태웠다. 그곳에서 그 열도에서 세 번째 지위에 있는 관리를 만났다. (후에 우리가 나가사키에 갔을 때 이를 알게 되었다.) 그는 우리를 알고 있으며 우리가 네덜란드 인이라고 말했다. 그는 나가사키에는 5척의 네덜란드 배가 있으며 4, 5일 후에 우리를 그리로 데려다 주겠다고 하면서 안심해도 된다고 했다. 그 섬은 '고토' 섬이며 주민은 황제의 통치를 받고 있는 일본 사람들이라고 말하였다. 그리고 호기심어린 태도로 물어 와서, 우린 손짓 발짓으로 '조선에서 왔으며, 13년 전에 난파되어 조선의 섬에 상륙하게 되었으며 나가사키로 가서 동포를 만나고 싶다.'고 말했다. 그래서 기분이 좀 밝아졌지만 여전히 두려움은 남아 있었다. 왜냐하면 조선 사람들로부터 일본 열도에 오는 모든 이방인들은 맞아 죽는다고 들었기 때문이다. 우리는 조그마하고 낡은 배로 낯선 길을 300km나 항해해 왔다.

나가사키 만과 인공섬인 데지마
1헥타르에 해당하는 이곳에서 하멜과 그의 일행은
1666년 9월 14일부터 1667년 10월 23일까지
머물렀다. ⓒ 가와하라.

9월 9, 10, 11일, 정박한 채로 지냈는데 배 위에서나 육지에서나 엄중한 감시를 받았다. 그들은 우리에게 음식물, 물, 나무 그 밖에 필요한 것들을 제공해 주었다. 비가 계속 내렸기 때문에 우리가 비를 맞지 않도록 가마니로 지붕을 만들어 주었다.

9월 12일, 그들은 우리가 나가사키로 항해하는 데 필요한 모든 준비를 해 주었다. 오후에 닻을 들어올리고 출항하여 저녁 무렵 그 섬의 반대편에 있는 어느 마을 앞에 정박하여 그곳에서 그 날 밤을 묵었다.

9월 13일, 동틀 무렵 그 관리가 자기

의 범선을 타고 천황이 있는 궁정으로 보낼 몇 통의 편지와 물건을 싣고 왔다. 다시 닻을 올리고 큰 배 두 척과 작은 배 두 척의 호위를 받으며 출발했다. 전에 육지에 연행되어 갔던 두 동료는 큰 배 중의 하나에 타고 갔는데, 나중에 나가사키에 가서 합류하였다.

하멜 일행이 일본 나가사키로 가는 모습.
© 1668년, 로테르담 간, 「스티히터」 판.

저녁 무렵 항구의 어귀에 이르러 한밤중에 나가사키 항구에 정박했다. 그곳에서 전에 들은 대로 5척의 배를 보았다. 고토의 주민들과 관리들은 우리들에게 모든 호의를 다 베풀면서도 아무 것도 요구하지 않았다. 우리들이 가진 것이라곤 쌀밖에 없었으므로 쌀을 주려 했는데 받지 않았다.

9월 14일 아침에 모두 상륙하여 회사의 통역으로부터 환영을 받았다. 그는 우리에게 여러 가지를 물었고 그 문답이 일단 기록되었다가 총독에게 건네졌다.

정오쯤에 총독 앞에 불려 갔는데 그는 우리에게 질문하였고 우리들은 대답하였는데, 그 내용은 다음에 적은 바와 같다. 총독은 그렇게 조그맣고 낡은 배로 큰 위협을 무릅쓰고 바다를 건너 자유를 찾아 항해한 것을 칭찬해 주고, 통역에게 우리를 데지마 섬의 상관장商館長에게 데려가라고 명령했다. 그곳에 가니 상관장 빌렘 볼허 각하, 차석인 니콜라스 드 로이, 그 밖의 다른 관리들이 우리를 맞이하여 주었고 다

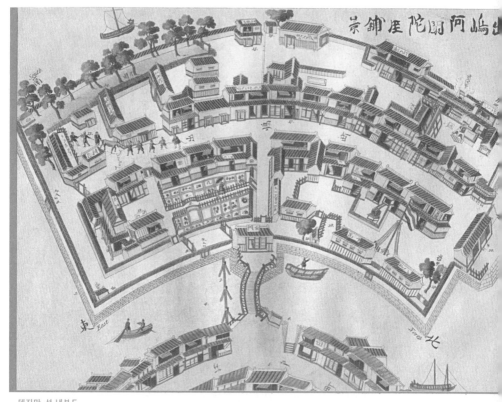

데지마 섬 내부도
© Issaac Titsingh. |Henny Savenijel.

시 네덜란드 식의 옷을 주었다. 우리들은 전능하신 하나님께 행운과 오랜 기간 동안 건강을 주신 것에 대해 감사드렸다. 13년 28일 동안 슬픔과 위험 속에 감금 생활을 했던 우리들은 구해 주신 하나님에 대해 무어라 감사의 말씀을 드려야 할지 적절한 말을 찾을 수 없었다. 또 아직 그 땅에 남아 있는 8명의 동포들도 구조될 수 있도록 하나님이 구원의 손길을 내밀어 주시길 기도했다.

10월 1일 볼허 각하는 섬을 떠나 10월 23일, 만에 있던 7척의 배와 함께 출발하였다. 우린 슬픔 속에 배가 떠나는 모습을 지켜보았는데 왜냐하면 우리도 각하와 함께 바타비아로 떠나게 되길 기대했었기 때문이다. 그러나 나가사키 총독은 우리를 일 년 더 있도록 했다.

10월 25일 통역은 데지마 섬에서 우리를 데리고 총독에게 갔다. 총독은 다시 우리들 각각에게 앞서 말한 질문을 했다. 질문이 끝나고 통역의 인솔로 섬에 돌아왔다.

나가사키 총독이 한 질문과 이름을 밝힌 우리들이 대답한 답변 내용

1666년 9월 14일

1. 너희들은 어느 나라 사람들이며 어디서 왔는가?

우리들은 네덜란드 사람이며 조선에서 왔다.

2. 어떻게 조선에 가게 되었으며 타고 간 배는?

1653년 8월 16일 스페르베르 호가 5일간 계속된 폭풍우로 난파되어서 조선에 가게 되었다.

3. 배가 난파된 곳은 어디이며 사람은 몇 명이었고 대포는 몇 문 있었는가?

우리는 켈파르트라 부르고 조선 사람들은 제주도라 부르는 섬 근처였고, 승무원은 64명, 대포는 30문이었다.

4. 켈파르트 섬은 본토로부터 얼마나 멀리 떨어져 있으며 그 섬의 상황은?

본토 남쪽으로부터 75km 내지 95km 정도 떨어진 곳에 있다. 인구는 조밀하고 땅은 비옥하다. 그 섬 주위는 110km 정도 된다.

5. 너희가 배를 타고 출발한 곳은? 그리고 도중에 들른 곳은?

그 해 6월 18일 바타비아를 떠나 타이완을 향해 갔는데, 베르버그 각하 후임인 총독 코넬리스 케자르를 태우러 갔다.

6. 너희 짐은 무엇이며 어디를 가려 했는가? 또 그 당시 이곳(일본)의 상관장은 누구인가?

타이완을 떠나 일본으로 가려 했으며 사슴가죽, 설탕, 명반* 등을 실고 있었다. 그때 코이엣 각하가 상관장 대리[대행]였다.

명반|alum| 황산 알루미늄과 황산 칼륨과의 복염. 무색 투명의 결정.

7. 선원과 화물과 대포는 어느 정도 남았는가?

28명의 선원이 죽었고 화물과 대포는 잃었다. 나중에 변변치 않은 물건이 몇 개 건져졌으나 그것을 어떻게 처리했는지는 모른다.

8. 배가 난파된 후에 그들 조선인들이 우리를 어떻게 대했나?

우리를 감옥에 넣었으나 잘해 주었고 음식을 주었다.

9. 너희들은 중국인이나 그 밖의 정크선을 나포하거나 중국의 해안 지대를 약탈하라는 명령을 받았었나?

일본으로 직행하라는 명령만 받았다. 항해 중 폭풍우를 만나 조선 해안에 상륙하게 된 것이다.

10. 너희 배에 네덜란드 사람 외의 기독교인이나 다른 국적의 사람을 태웠는가?

회사 사람들뿐이었다.

11. 너희들이 그 섬에 체류한 기간은? 그리고 그곳에서 어디로 가게 되었는가?

그 섬에 10개월간 있다가 왕의 명령을 받아 서울에 있는 조정으로 소환되어 갔다.

12. 제주에서 서울은 얼마나 먼가? 그리고 가는 데 걸린 기간은?

앞서 말한 바와 같이 제주는 본토에서 75km 내지 95km 되는 곳에 있다. 그 후 14일간 말을 타고 갔는데 육로陸路와 수로水路를 합하여 약 650km 정도 된다.

13. 너희가 서울에서 지낸 기간은 얼마나 되며 그때 무엇을 했는가? 왕이 우리에게 지급한 것은?

서울에서 3년 동안 그곳 관습에 따라 살았고 훈련대장의 호위병으로 고용되었다. 배급으로 한 달에 70캐티씩의 쌀을 받았고 옷도 조금 지급받았다.

14. 무슨 이유 때문에 왕이 너희를 멀리 떠나 보냈으며 어디로 보냈는가?

결국 무위로 끝났지만 우리들 중 일등항해사와 또 다른 한 사람이 중국을 경유해 우리 나라로 되돌아가기 위해 청나라 칙사를 쫓아갔기 때문이다. 왕은 전라도로 우리를 추방했다.

15. 청나라 칙사를 쫓아갔던 사람들은 어떻게 되었는가?

곧 투옥되었다. 그들이 처형되었는지 자연사했는지 확실한 것은 모른다. 확실한 것은 결코 알 수 없었다.

16. 너희들은 조선 땅이 얼마나 큰지를 알고 있는지?

짐작이 맞다면 조선은 남북 길이가 1,000km에서 1,100km 정도 되고 동서로는 500km 내지 600km 정도 된다. 8개 도로 나뉘어져 있고 360개의 고장이 있는데 크고 작은 섬도 많이 있다.

17. 기독교인이나 다른 나라 국적을 가진 사람을 거기서 본 적이 있는 가?

네덜란드 사람인 얀 얀스 외에는 아무도 보지 못했다. 그는 타이완에서 1627년 한 척의 배로 출항했다가 폭풍우를 만나 해안으로 떠밀려 갔는데 식수가 모자라 상륙했다가 세 사람이 붙잡혔다. 그의 동료 두 명은 만주[청나라]가 조선을 침략했을 때 싸우다가 죽었다. 전쟁 때문에 자기 나라에서 조선으로 도망친 중국인은 조금 있었다.

18. 아까 말한 얀 얀스는 아직 살아 있으며 어디에 사는가?

아직 그가 살아 있는지 어떤지는 확실히 모른다. 왜냐하면 그가 궁정에서 일하던 이래로 10년 동안 그를 만나지 못했기 때문이다. 그가 아직 살아 있다고 하는 사람도 있고 죽었다고 하는 사람도 있다.

19. 조선인이 가지고 있는 무기와 군사 장비는?

그들의 무기는 화승총[머스킷총]과 칼, 활, 화살이며 그 밖에 조그만 창도 있다.

20. 조선에는 성이나 성채[요새]가 있는가?

고장마다 작은 성채들이 있다. 산 높은 곳에 있는 성채도 있는데 전쟁이 일어나면 그리로 피난 간다. 그곳에는 항상 3년분의 식량이 비축되어 있다.

21. 바다에는 어떤 종류의 군함이 있는가?

고장마다 한 척의 군함이 있다. 각각의 군함에는 군인과 노 젓는 사람 합하여 2~3백 명씩 타고 있고 작은 대포도 몇 문씩 있다.

22. 조선인들은 전쟁 중인가? 아니면 어느 왕에게 공물을 바치는가?

전쟁은 하고 있지 않다. 청나라 칙사가 1년에 2, 3차례 공물을 가지러 온다. 또 일본에도 공물을 바치고 있는데 그 양은 모른다.

23. 그들은 어떤 신앙을 가지고 있으며 너희를 개종改宗하려 든 적이 있었는가?

우리가 보기에는 중국인과 똑같은 신앙을 가지고 있다. 그들은 종교를 강요하지 않았고 각자의 생각에 맡긴다.

24. 절과 불상은 많은가? 예불은 어떻게 보는가?

산에는 많은 사찰과 수도원이 있으며 그 안에 불상이 많이 있다. 우리 생각으로는 중국식으로 예불이 이루어지는 것 같다.

25. 승려는 많은가? 또 그들은 어떻게 머리를 깎으며 어떤 옷을 입는가?

승려는 많다. 그들은 일도 하고 구걸|탁발|도 하며 생계를 꾸린다. 그들의 옷 입는 양식과 머리는 일본의 승려와 같다.

26. 양반과 일반 사람들은 어떻게 옷을 입는가?

대부분은 중국식으로 옷을 입고 있다. 말이나 소의 털 또 대나무로 만든 모자를 쓰고 양말과 신발을 신는다.

27. 쌀과 그 밖의 곡식은 많이 생산하는가?

강우량이 충분한 해에는 남부 지방에서 쌀과 그 밖의 다른 곡식이 많이 생산된다. 비에 의존하는 작물들이기 때문이다. 비가 적게 오는 해는 큰 기근이 든다. 1660년, 1661년, 그리고 1662년의 가뭄 때에는 수천 명의 사람들이 죽었다. 목화도 많이 재배된다. 그러나 북부 지방에서는 보리와 기장으로 연명해야 하는데 그곳은 추워서 쌀을 재배할 수 없기 때문이다.

28. 말과 소도 많이 있는가?

말은 많이 있다. 소는 지난 2, 3년 사이에 전염병 때문에 그 수가 크게 줄었고 지금까지도 그러하다.

29. 조선에 무역차 온 외국인이 있던가? 아니면 조선인이 다른 곳에 무역차 가던가?

일본 사람 외에는 무역을 하러 온 사람이 없었다. 일본은 조선에 상관商館을 두고 있다. 조선인들은 중국의 북부 지방, 북경과 무역을 하고 있다.

30. 너희들이 일본의 상관에 간 적이 있는가?

그런 일은 확실히 금지되었다.

31. 조선인들끼리는 어떻게 거래를 하는가?

서울에서는 상류층들은 은을 가지고 거래를 한다. 평민이나 다른 고장의 사람들은 옷감이나 쌀, 그 밖의 다른 곡류를 가지고 그것들의 가치에 따라 거래가 이루어진다.

32. 중국과는 어떤 무역이 이루어지는가?

조선인은 중국에 인삼, 은 등을 가지고 가고 그 대가로 비단 따위나 우리가 일본으로 가져오는 상품들을 가져온다.

33. 은광銀鑛이나 그 밖에 다른 광산이 많이 있는가?

　 몇 년 전에 은광을 몇 개 개발했으며 왕이 그 중 1/4을 차지한다. 다른 광산에 대해서는 들은 바가 없다.

34. 조선 사람들은 인삼을 어떻게 찾아내며, 그걸로 무엇을 하며, 어디에다 수출하는가?

　 인삼은 북부 지방에서 발견되며 약으로 사용된다. 매년 청나라에 조공으로 보내며 상인들은 중국이나 일본에 수출한다.

35. 중국과 조선 사이가 육로로 연결되어 있는지 떨어져 있는지에 대해 들어 본 적이 있는가?

　 우리가 들은 바에 의하면 두 나라 사이는 큰 산으로 연결되어 있다 한다. 겨울에는 추위 때문에, 여름에는 맹수 때문에 여행하기가 위험하다. 그러므로 사람들은 주로 해로海路로 가는데, 겨울에는 꽁꽁 언 얼음을 건너간다.

36. 조선에서는 총독이 어떻게 임명되는가?

　 매년 모든 관찰사는 교체되고 보통의 행정관들은 3년마다 교체된다.

37. 전라도에서는 몇 년 살았으며, 식량과 의복은 어떻게 조달했고, 그곳에서 죽은 사람은 몇이나 되는가?

　 병영이라는 곳에서는 7년을 같이 살았다. 그들이 매달 50캐티에 해당하는 쌀을 지급해 주었다. 부식 등은 착한 사람들에게서 얻었다.

그 기간 동안 11명이 죽었다.

38. 왜 다른 고장으로 가게 되었으며 그곳은 어디인가?

1660년, 1661년, 1662년에 가뭄이 들어 한 고장에서 우리 배급을 충당해 낼 수 없었다. 왕이 1662년에 우리를 세 집단으로 나누어 3곳에 분산 수용하게 했는데, 여수에 12명, 순천에 5명, 남원에 5명씩 가게 되었다. 이 고장은 모두 전라도 안에 있다.

39. 전라도의 크기와 위치는?

전라도는 조선 남쪽의 도인데 52개의 고장이 있다. 전국에서 인구가 가장 조밀하고 식량 생산량도 많다.

40. 왕이 너희들을 내보냈는가? 아니면 도망왔는가?

왕이 우리를 떠나보내지 않을 것이라는 걸 아주 잘 알고 있었다. 우리 8명은 도망칠 기회가 왔기 때문에 그렇게 했었다. 그 이교도의 나라에서 불안하게 사느니 차라리 죽어 버리는 게 나았기 때문이다.

41. 그때까지 살아 있는 사람은 몇 명이었는가? 그리고 탈주 계획을 다른 사람에게 알렸는가?

생존자는 16명이었다. 우리들 중 8명이 다른 사람과 사전 협의 없이 결심했다.

42. 왜 이야기하지 않았는가?

우리들이 함께 올 수는 없었기 때문이다. 왜냐하면 매월 초하루와 보름날에는 우리 고장의 행정관한테 가야 했고, 출타 허가는 교대로 받기 때문이다.

43. 그 사람들도 일본으로 올 수 있을까?

천황|쇼군|이 조선 왕에게 편지를 쓰면 그들은 올 수 있을 것이다. 왜
냐하면 천황이 매년 난파된 조선 사람을 되돌려 보내 주니까 왕도
그런 요청을 거부하지 못할 것이기 때문이다.

44. 탈주한 적은 있었는가? 그리고 왜 두 번 실패했는가?

이번이 세 번째 시도였다. 처음 두 번은 실패했는데 첫 번째는 켈파
르트 섬|제주도|에서였으며, 우리가 배의 구조를 몰라서 돛대가 두
번이나 부러졌었다. 두 번째는 서울에서 청나라 칙사에게 시도했었
는데 그는 왕의 뇌물을 받고 없던 일로 해 버렸다.

45. 너희들이 왕에게 보내 달라고 요청한 적은 없었는가? 그리고 왜
그는 거절했는가?

종종 왕이나 조정 고문관들에게 요청했었는데, 이에 대해 그들은
외국인을 나라 밖으로 내보내지 않는다고만 대답했다. 왜냐하면 그
들은 자기 나라가 다른 나라에 알려지는 것을 원하지 않았기 때문
이다.

46. 배는 어떻게 구했는가?

배를 사려고 물건들을 많이 비축해 두었다.

47. 이 배말고도 다른 배를 가져 본 적이 있었는가?

이것이 우리의 세 번째 배인데 다른 두 척은 일본으로 탈주하는 데

쓰기에는 너무 작았다.

48. 어디서 도망쳐 왔으며 그곳에서는 살았었는가?

여수[좌수영]에서 도망쳐 왔는데, 그곳에서 다섯 명이 살았었고 세
명은 순천에서 살았다.

49. 그곳[여쉬]은 얼마나 먼 곳이며 또 며칠이나 항해했는가?

여수는 우리 짐작에 나가사키로부터 370km 정도 떨어져 있다. 고
토까지 3일 걸렸다. 고토에서 나흘 머물고 그곳에서 이곳까지 오는
데 이틀이 걸렸다. 도합 9일이다.

50. 왜 고토로 오게 되었는가? 그리고 일본인들이 접근했을 때 도망친
이유는?

폭풍 때문에 그곳에 기항하지 않을 수 없었다. 날씨가 좋아지면 나
가사키로 계속 항해하려고 했다.

51. 고토 사람들은 어떻게 행동했으며 너희들을 어떻게 다루었는지?
그들이 요구하거나 받은 물건이 있는가?

그들은 우리 동료 두 사람을 육지로 연행해 갔다. 우리에게 잘해 주
었고 요구하거나 가져간 물건은 없다.

52. 너희들 중 일본에 와 본 적이 있는 사람은? 그리고 길은 어떻게 알
았는가?

아무도 와 보지 않았다. 조선 사람들 중 나가사키에 와 본 경험이 있
는 사람이 방향을 가르쳐 주었다. 그리고 항해사가 우리에게 말해 준

것이 기억에 조금 남아 있어 그 방향으로 왔다.

53. 아직 조선에 남아 있는 사람들의 이름, 나이, 항해할 때의 임무, 그리고 현재의 거주지는?

『남원에 살고 있는 사람들』

　요하니스 람펜 : 조수 / 36세 / 암스테르담 출신

　헨드릭 코넬리슨 : 2등갑판장 / 37세 / 플리란드 출신

　얀 클라슨 : 요리사 / 49세 / 도르트레흐트 출신

『순천에 살고 있는 사람들』

　야콥 얀스 : 조타수 / 47세 / 플레케렌 출신

　안토니 울데릭 : 포수 / 32세 / 흐리에튼 출신

　클라스 아렌센 : 급사 / 27세 / 오스트포렌 출신

『여수에 살고 있는 사람들』

　산더 부스켓 : 포수 / 41세 / 리스 출신

　얀 얀스 스펠트 : 하급 갑판원 / 35세 / 우트레흐트 출신

54. 너희들의 이름, 나이, 항해할 때의 임무는?

　헨드릭 하멜 : 서기 / 36세 / 호르쿰 출신

　호버트 데니 : 조타수 / 47세 / 로테르담 출신

　마테우스 에보켄 : 하급선의 / 32세 / 엔퀴슨 출신

　얀 피터슨 : 포수 / 36세 / 히렌빈 출신

　헤릿 얀슨 : 포수 / 32세 / 로테르담 출신

　코넬리스 데릭스 : 하급 갑판원 / 31세 / 암스테르담 출신

　베네딕투스 크렐크 : 급사 / 27세 / 로테르담 출신

　데니스 호버첸 : 급사 / 25세 / 로테르담 출신

탈출 후의 상황

그들이 나가사키에 도착해서 면담한 날로부터 바타비아를 향해 최종적인 출발을 하기까지는 무려 1년 이상이 걸렸다. 하멜과 그의 동료들의 삶은 더 이상 위험하지 않았다. 그들은 음식과 옷 대접을 잘 받았다. 그러나 하멜 일행은 전라도에서 산을 타는 데 익숙해져 있었고, 스스로 배를 만들어 조선의 남해에 있는 섬을 항해한 적이 있었기 때문에, 여기에 억류되어 있는 것이 마치 감옥에 수감되어 있는 것처럼 느꼈음에 틀림없다. 길이 170km 너비 100km의 경호가 잘 되

바타비아 만 고지도
네덜란드 동인도회사의 근거지인 인도의 자카르타. [Henny Savenijel.

는 부채꼴 모양의 섬에 갇혀 있었기 때문에 그들의 체류가 더욱 지루하게 느껴졌을 것이다. 하멜은 이러한 시간을 활용해서 그의 여행일지를 작성했다. 조선에서 포로로 잡혀 있는 동안 그는 분명히 사건이나 이름, 지명 등에 대한 기록을 해 두었을 것이다. 그들이 서울로 압송되어 가는 동안에 지나쳤던 일련의 도읍지와 요새의 지명을 13년 뒤에 기억해 낸다는 것은 불가능했을 것이다. 하멜이 제주도에 있는 동안 그는 몇 권의 인양된 책을 돌려 받았었다. 이 가운데에는 배의 항해일지가 있었을 것이다. 이 항해일지에서 바로 베낀 듯한 글의 서두는 다음과 같다.

8월 11일, 남동쪽에서 비가 내리고 있음. 우리는 동북동 옆 북동쪽으로 향하고 있음.

데지마에 있는 네덜란드 무역기지의 상관장인 윌헴 볼허가 쓴 『데일리 리지스터지』의 보고서에서 하멜 일행의 도착과 출발을 살펴보는 것은 흥미로운 일이다.

1666년 9월 14일 화요일 … 지난 3일 동안 이상한 복장을 한 유럽인 8명이 기이한 배를 타고 고토 섬에 상륙했다는 소문이 나돌고 있다. 이제 그들은 나가사키로 가는 중이다. 매 시간마다 그 이야기가 너무 달라지기 때문에 그것에 관해 어떻게 생각해야 할지, 심지어 어떻게 기록해야 할지 모른다.
오늘 이른 아침에는 그들을 실은 배가 어젯밤에 도착했다는 말을 들었다. 총독의 심문을 받은 후 오후 1시에 그들은 그 섬에 있는 우리에게 인도되었다. 그들은 8명의 네덜란드 인이다. 호르쿰 출신의 헨드릭 하멜, 로테르담 출신의 호브트 데니슨과 그의 아들 데니스 호버첸, 엔퀴슨 출신의 마테우스 에보켄, 히렌빈 출신의 얀 피터슨, 그리고 로테르담 출신의 헤릿 얀슨과 베네딕투스 크렐크이다.

나는 그들이 조선에서 경험했던 모든 것을 열거하지는 않겠다. 그들 중 20명이 조선에서 죽었고, 현재 8명은 각기 다른 지방에서 살고 있다. 나가사키의 총독은 통역자를 통해 우리가 그들의 구출을 축하해 주는 게 좋을 거라고 제안하며, 에도江토에 이 사실을 보고하겠다고 말했다. 특기할 만한 일은 그들이 제주도에 갇혀 오도가도 못하던 8개월 후에 네덜란드 인으로 보이는 한 노인이 그들에게 와서 (분명히 조선 왕이 거기에 보냈다) 한참 뒤에 떠듬거리는 네덜란드 어로 그들이 누구냐고 물어보고 나서 자기도 역시 네덜란드 사람이며, 드레이프에서 태어났고, 이름은 얀 얀스 벨테브레이며, 조선에 26년 동안 살고 있다고 말했다는 점이다. 그는 지금도 살아 있고 나이는 70이 넘었다.

1666년 10월 17일 … 총독에게 여기에 한 달 전에 도착한 8명의 네덜란드 인을 바타비아로 출발시켜 주라고 부탁했지만 허락받지 못했다. 에도에서 아직 회신을 받지 못했고 곧 회답이 있을 거라는 얘기였다. 그러는 동안 배는 내일 출항할 것이고 이 가련한 사람들은 또 한 해를 여기에서 기다려야 할 텐데 이것은 개탄스러운 일이다. (바타비아 행 배는 일 년에 단 한 번 출항한다.)

1666년 10월 18일에 월헴 볼허, 다니엘 식스, 니콜라스 드 로이와 다니엘 반 브리트는 그들의 국왕과 총독 및 식민지 의회에 공식 서한을 발송했는데 그 내용은 다음과 같다.

불가항력적인 무한한 하나님의 손길 때문에 1653년에 스페르베르 호를 타고 조선의 제주도에 난파되었던 8명의 선원들이 한 달 전에 기적적으로 이곳에 도착했다. 그들은 서기인 헨드릭 하멜과 7명의 선원들이다. 다른 8명은 현재 조선에 남아 있다. 여기에 도착한 사람들은 에스페란스 호를 타고 바타비아로 출항할 예정이다.

볼허는 이로부터 며칠 뒤 에스페란스 호를 타고 데지마를 떠났다. 그는 보고서에 이렇게 적었다.

결국 이 가련한 사람들은 이곳에 더 머물러야만 되었다. 내가 나가사키 총독으로부터 출항 허가를 받을 때 하멜 일행의 출발 허가도 부탁했지만 완강히 거절당했다. 총독은 아직 에도의 궁정에서 어떤 명령 하달이 없고 또 아마도 하멜 일행이 데지마 출발 허가를 받기 전에 에도에 가야 될지도 모른다고 말했다. 그러는 동안 이 고통받는 사람들에게는 1년을 더 체류하는 동안 자유를 누린다는 일이 매우 힘들어질 것이다.

새로 책임을 맡은 다니엘 식스는 1666년 10월 25일 다음
과 같이 적었다.

오늘 아침 9시경 통역자들이 8명의 네덜란드 인이 총독의
관청에 가도록 소환했다. 나는 그들을 불러 통역자들과 같이
가라고 명령했다. 그들이 돌아오면 이 뻔뻔스러운 일본의 통치
자들이 어떤 질문을 할 것인지 알게 될 것이다. 오후가 조금 지
나서 그들은 섬으로 돌아왔고 서기인 헨드릭 하멜은 총독 앞에
서 이런 질문을 받았다고 보고했다. 맨 먼저 그들의 이름과 나
이를 묻고 그 다음에는 조선의 생활과 예절, 조선인들의 의복,
군대, 종교와 생활 방식, 포르투갈 인과 중국인이 조선에 살고
있는지의 여부, 네덜란드 인이 몇 명이나 그곳에 남아 있는지
등등 질문자들이 만족할 때까지 각각의 질문에 답변한 후 그들
은 섬으로 돌아가라는 명령을 받았다.

하멜은 자신의 항해일지 부록에 이렇게 적고 있다.

1667년 10월 25일 … 정오경에 총독이 도착했을 때 우리는
출발 허가를 받았다. 저녁 무렵 우리는 비테리우프 호의 호위
를 받으며 바타비아로 출발하기 위해 스프리우프 호에 올랐다.

1667년 10월 22일 토요일의 데지마 기록에는 다음과 같
은 것이 발견된다.

세차게 비가 내리고 있었지만 비테 리우프 호와 스프리우프 호는 바타비아를 향해 출발할 준비를 했다. 오늘 아침에 우리는 조선에서 온 8명이 떠나도 좋다는 허락을 받았다. 나가사키의 신임 총독이 며칠 전에 부임해 왔지만 우리는 아직까지 작년에 여기에 도착한 8명의 네덜란드 인의 출발 허가를 받지 못했었다. 그들은 스프리우프 호에 승선할 것이다.

약 한 달 뒤에 하멜 일행은 마침내 바타비아에 도착했다. 하멜은 자신의 여행일지에 이렇게 결론을 내리고 있다.

1667년 11월 28일 … 우리는 바타비아 거리에 도착했다. 하나님에게 감사한다. 하나님의 은총으로 우리는 14년 동안 커다란 불행과 슬픔 속에서 헤매다가 이제 이교도의 손아귀에서 벗어나 우리 동족에게로 되돌아가고 있기 때문이다.

그 원본에 날짜는 기입되어 있지 않지만 바타비아의 일상 기록에는 다음과 같이 기재되어 있다.

1667년 11월 28일 이곳에 일본에서 온 스프리우프 호와 비테리우프 호가 도착했다.

하멜과 7명의 선원들은 12월 2일 식민지 의회를 만나 그들의 봉급 상환을 요구했다. 데지마의 무역 기지 상관장이 이 탈출자들을 불쌍히 여겨달라는 호소문을 써 보냈다. 그러나 그러한 호소는 소용이 없었다. 배를 잃어 버렸으니 그 선원들에게 봉급을 줄 수 없다는 것이다. 이것이 규칙이었다. 그들의 봉급은 단지 그들이 나가사키에 도착한 날부터 지불되었다. 처음에 선원이 되었을 때 어린 소년이었던 사람들의 임금은 한 달에 몇 굴덴에서 9굴덴까지 인상되었다. 하멜은 바타비아에 남아 있었고 나머지 7명의 선원들은 고국으로의 항해를 계속했다.

일단 네덜란드로 돌아가자 그들은 암스테르담의 담당자에게 다시 봉급 상환을 요구했으나 성공하지 못했다. 대신 조선에서 보낸 세월에 대한 보상으로 동정심에서 그들에게 1,530플로린의 퇴직금이 인정되어 분배되었다. 식민지 기록 일지(22번)에는 다음과 같이 기재되어 있다.

1668년 8월 11일 … 조선에서 13년 28일을 억류되어 지냈던 사람들을 만났다. 그들은 기록된 보고서를 제출했는데 우리는 그것을 읽어 보고 검토한 후 결정하겠다.

1668년 8월 13일 … 조선에서 억류되어 있던 기간 동안 일어났던 일과 조선에 대한 묘사에 관한 일지를 읽어 본 위원들의 보고서 낭독에 귀를 기울였다. 우리는 식민지 의회에 만약 의회에서 반대하지 않는다면 조선에 사신을 보내 무역 거래를 시작하겠다는 서신을 내기로 결심했다. 게다가 우리는 동정심에서 이 7명의 선원들이 1,530굴덴을 받아 다음과 같이 분배해야 한다고 결정했다.

호버트 데니스 (매달 14플로린) 300플로린

마테우스 에보켄 (매달 14플로린) 300플로린

얀 피터슨 (매달 11플로린) 250플로린

혜릿 얀슨 (매달 9플로린) 200플로린

코넬리스 데릭스 (매달 8플로린) 180플로린

데니스 호버첸 (매달 5플로린) 150플로린

베네딕투스 크렐크 (매달 5플로린) 150플로린

　

위에 언급된 사람 중 네 사람은 로테르담 출신이었다. 하멜의 일지에 되풀이되는 사람들의 운명을 간단히 살펴보면 그 집단에서 가장 연장자는 호버트 데니슨으로 인터뷰 당시 47세였으며, 1619년에 태어났다는 것을 알 수 있다. 젊은 홀아비로서 그는 1647년 12월 1일 재혼했었다. 신부는 역시 로테르담 출신인 아네트 알레빈스 반 필케비르였다. 그들의 결혼 신고는 교회가 아닌 시청에 기록되어 있었다. 영국 공문서 보관소에서 우리는 1645년 3월 11일에 그가 약 26세로 로테르담 시민임을 밝혔고 그 후 인도에서 귀항하던 중 한 선원이 죽었다고 발표했다는 것을 알아냈다. 그는 이렇게 밝히고 있다.

"엄숙한 선서 대신 진리에 대한 확언을 가지고."

이 말은 그가 메노파 교도이거나 퀘이커 교도라는 것을 가리킨다. 로테르담은 항상 주요한 메노파 공동체를 가지고 있다.

그 집단 중 가장 연소자인 데니스 호버첸은 그의 아들이며 첫 번째 결혼에서 얻은 자식이 없다. 아버지와 아들 둘이 1651년 뉴 로테르담 호를 타고 인도에 왔었다. 그때 데니슨은 단지 열 살배기 어린애였다.

로테르담 시의 공문서 보관소 기록에 의하면 베네딕투스 크렐크라는 배의 사환이 1667년 12월 23일에 바타비아를 떠나서 1668년 7월 19일에 네덜란드에 도착했다고 되어 있다. 공증서|389, 341~342|의 기록은 다음과 같다.

베네딕투스 크렐크는 프리헤이트 호라는 배를 타고 최근 동인도에서 돌아와 1668년 7월 23일 야콥 델피우스의 공증사무소에 출석하여 선주인 얀 티센에게 자기 대신 37굴덴과 50센트를 받도록 위임했다.

그리고 그는 증서에 X로 서명했는데 이것은 글을 쓸 줄 몰랐기 때문이었다. 이것이 조선에서 조선왕의 호위대로 근무하며, 오랜 세월 동안 억류되어 갖은 고초를 다 겪었고, 조선에서 거의 반평생을 보냈던 젊은이에 대한 보잘것없는 기록이다. 나가사키에서 인터뷰 당시 그의 나이는 27세였다. 그는 1651년 질란디아 호를 타고 인도에 왔었는데 당시 나이 12세로 한 달에 5굴덴을 벌었다. 로테르담에 되돌아온 후 그는 마리아 시버스라는 여인과 결혼했고, 나중에 5명의 자녀를 두었다는 것이 개혁교회의 세례식 때의 문서에 기재되어 있었다. 그의 부인은 1709년에 죽었지만 크렐크의 죽음에 관한 기록은 로테르담에 나와 있지 않다.

로테르담 출신으로 네 번째 선원인 헤릿 얀스는 1648년에 질란디아 호의 사환으로 인도에 왔었다. 그의 봉급은 한 달에 10굴덴으로 인상되었다. 조선에서 오도가도 못하게 된 이들이 누가 탈출 팀에 가담하고 누가 남아야 되는가를 결정하는 것은 매우 힘든 결정이었을 것이다. 일지에 의하면 얀 피터슨은 경험이 있는 항해사였기 때문에 탈출 팀에 가담하라는 요청을 받았다는 것을 알 수 있다. 하멜은 유일하게 남아 있는 서기였고, 마테우스 에보켄과 코넬리스 데릭스는 가담 요청을 받았고, 이어 앞서 언급한 로테르담 출신의 선원 4명이 있었는데 이 중에는 부자지간도 끼어 있었다. 인터뷰 기록에서 이 일행들이 다른 사람들에게 탈출 계획을 알리지 않고 도망가기로 결심했다는 것을 알 수 있다. 그들이 타고 갈 배가 표류된 선원 모두가 타기에는 충분히 크지 않았기 때문에 그들의 출발은 비밀이었다. 게다가 한 달에 두 번씩 그들은 관청에 출석해야 했기 때문에 뒤에 몇 사람을 남겨 놓으면 그들의 탈출 사실이 곧장 드러나지 않기 때문이었다.

전라도 지방에 남아 있는 사람들에 관해서 하멜은 더 이상 언급이 없다. 그는 언급할 수가 없었다. 그래서 1905년 말에 이르러서야 그리피스는 조선에 대한 그의 책에서 이렇게 적고 있다.

스페르베르 호의 다른 생존자들의 운명은 결코 알 길이 없다. 아마도 앞으로도 결코 알 수 없을 것이다. |176|

『왕립 아시아학회 한국지부의 회보』 9권|1918|에서 한국의 영국 국교회 주교이며 왕립 아시아학회장인 마크 나피에르 트롤로페는 헨드릭 하멜에 대한 설명을 서두로 이렇게 적고 있다.

탈출에 성공하지 못한 불행한 선원 중에 알렉산더 부스켓이라는 사람이 있는데 그는 스코틀랜드 인이다. 그의 무덤이나 다른 동료들의 무덤이 언젠가 밝혀질지 어쩔지는 의문이다. |94~95|

오늘날 우리는 부스켓 씨가 스코틀랜드 인이 전혀 아니라는 것을 잘 알 수 있다. 산더 부스켓은 리스라는 조그만 도시 출신의 네덜란드 인이었다. 오래된 고문서들을 살펴보면 성이든 이름이든 적절한 이름에 대해서 일정한 철자가 없다는 것을 알 수 있다.

1668년 9월 16일자 VOC|동인도 연합회사|의 공식문서에는 하멜과 그 일행이 탈출하기 2년 전에 조선에 억류된 사람들 중에서 가장 나이가 많은 도르트레흐트 출신의 얀 클라슨이 죽었다는 기록이 있다.

그러나 니콜라스 비츤은 이렇게 적고 있다.

일본 천황의 중재와 VOC의 명령으로 조선에 남고 싶어하

는 단 한 사람만을 제외하고, 남아 있던 네덜란드인 모두가 인도되었다. 그 한 사람은 낯선 이국에 남고 싶어했다. 그는 조선에서 결혼해서 자신이 이제는 기독교도나 네덜란드 사람이 아닌 양 행세했다. |비츤, 53|

조선 당국이 이를 수용했는지 여부는 불확실하다.

조선에 남아 있는 사람들이 어떻게 일본에 오게 되었는지에 대한 상세한 설명은 레드야드의 『네덜란드 인 조선에 오다』83~97|에 있다. 또 한 번 얀 얀스 벨테브레가 관련이 있는데 그는 당시 약 72세였을 것이다. 1667년 1월 서울에서 조선 정부가 하멜과 그의 일행의 탈출에 대해 조사할 때 조선 정부는 벨테브레에게 어떻게 26년 전에 일본에서 부산으로 보내졌는지 물었다. 그들은 이러한 정보를 일본 관리들과 협상할 때 이용했다.

남아 있던 7명의 네덜란드 인은 남원에 집결하라는 명령을 받았다. 그들은 각자 코트 한 벌, 쌀 10홉, 린넨 두 필 등 다른 선물을 받고 나서 1668년 7월에 동래|부산|에 있는 일본의 무역 기지를 거쳐 조선을 출발했다.

일본 정부는 항상 조선 정부와 협상할 때 항상 쓰시마를 이용했다. 부산에 있는 기관은 전적으로 이 섬에 남아 있는 봉건 영주들로 이루어져 있었다. |그리피스, 86|

악천후로 그들은 1668년 9월 16일에야 나가사키에 도착했다.

그들의 명단은 다음과 같다. 조수로 암스테르담 출신의 요하니스 람펜, 밧줄 책임자하급 수부장로 플리란드 출신의 헨드릭 코넬리슨, 조타수 플레케렌 출신의 야콥 얀스, 조포술장포쉬인 리스 출신의 산더 부스켓, 선원으로 흐리에튼 출신의 안토니 울데릭, 조포술장인 우트레흐트 출신의 얀 얀스 스펠트, 오스트포렌 출신의 소년 코넬리슨 헨드릭이다.

1670년 8월 29일 네덜란드로 돌아온 일행 중 3명이 암스테르담에 있는 VOC 본부 감독들과 만났다.

호르쿰 출신의 헨드릭 하멜, 플리란드 출신의 헨드릭 코넬리슨 몰레나르, 우트레흐트 출신의 얀 얀스 스펠트는 조선에 억류되어 있던 15년 동안의 임금 지불을 요청했다. 1668년 8월 13일 이들은 그 결의안의 선례에 따라 이와 유사한 상황에 있던 다른 사람들과 마찬가지로 임금을 받게 될 것이다. |VOC 결의안, 식민지 문서국, 256번|

1610년 12월 18일 네덜란드 총독이던 마우리츠 어브 나사우(후에 오렌지공 황태자가 됨)가 이미 조선과의 통상관계에 관해서 서한을 내어 일본 북해 쪽으로 항해하여 조선과 통상을 할 수 있도록 허락해 달라고 요청했다. 리차드 콕스가 1630년 11월 30일 그의 일기에서 다음과 같이 적고 있긴 하지만 이 서한은 헛수고였다.

플란더스 사람들은 이미 쓰시마를 거쳐 조선에 가는 몇 개의 작은 입구를 알고 있다. 쓰시마는 조선이 보이는 곳에 있으며 일본의 천황에게 우호적이다. |『리차드 콕스의 일기』, 2권 258|

네덜란드 인과 경쟁 상대인 영국인들도 마찬가지로 운이 좋지 못했다. 1614년 10월 17일 존 사리스 선장은 다음과 같이 적고 있다.

나는 에드워드 사레스가 지금쯤에는 조선에 도착했을 거라고 확신한다. 왜냐하면 나는 우리의 넓은 포목이 여기보다 거기에서 수요가 더 많을 거라는 중국인의 말을 듣고 그를 여기 쓰시마에서 거기로 가라고 임명했기 때문이다. 그곳은 일본에서 150리그밖에 떨어져 있지 않으며, 쓰시마에서는 훨씬 가깝다. |존 사리스 선장의 일본 기행, 210|

그러나 1614년 11월 25일 다음과 같이 적고 있다.

우리는 아직껏 쓰시마에서 조선으로 통상을 할 어떤 수단도 가지고 있지 않다. 뿐만 아니라 쓰시마도 소도시나 요새로 들어가는 이외의 다른 특권은 없다. 거기에서 육지 쪽으로 암벽이 많아서 거기에 가려면 죽음 같은 고통이 뒤따른다. |270|

1614년 3월 9일 피란도[히라도] 어 서간에 의하면 다음과 같이 씌어 있다.

세이어는 쓰시마나 조선에서 어떤 이익이 있을 희망을 전혀 갖고 있지 않다.|「일본의 영국인 거류민들이 쓴 서한」, 130|

하멜이 귀환한 후 통상을 트려는 새로운 시도가 있었지만 바타비아는 그러한 계획의 반대에 부딪쳤다. 아마도 일본이나 중국 정부가 반대했을 것이다.

우리가 일본에 무역 거점을 갖고 있는 한 조선과 무역 거래를 할 생각은 버려야 한다. 그것은 중국인들이 우리가 조선에 가는 것을 참지 않을 것이기 때문만이 아니라 일본의 시기심이나 불신을 야기시키지 않기 위해서라는 결정이었다. 우리는 우리 자신의 생각으로 그렇게 해야 했으나 시간이 흐른 후 그것이 성공하여 미래에 어떤 일이 생기게 될지는 모를 일이다.

선견지명이었다.

조선국에 관한 기술

BESCHRYVINGE
Van 't Koninghrijck

COEREE,

Met alle hare Rechten, Ordon-
nantien, endt Manieren, foo inde Paleis, als-
 mede Malien, als vooren verhaelt.

ANNO M. DC. LXVIIJ.

조선 백성의 관습과 생활상 그리고, 조선 왕조에 관해서 쓴 기록.

지리적 위치

우리가 코레아라고 일컫는 나라는 그 본토인의 칭호로는 조선이다. 이 나라는 북위 34.5도와 44도 사이에 있고, 남북의 길이가 약 1,110km에 달하며, 동서의 너비는 약 550km에 달한다. 조선인 지도 제작자들은 이 나라의 국토를 마치 유희용 카드처럼 장방형으로 나타내지만 몇몇 지역은 바다 쪽으로 돌출한 부분도 있다.

이 나라는 8도로 나뉘어 있으며, 8도 안에 360개의 도읍이 있다. 또 수많은 요새와 성채가 있는데 그 일부는 산 속과 해안을 따라 세워져 있다. 이 나라의 해안선을 잘 모르는 사람이 해로로 이 나라에 접근하는 것은 극히 위험한 일인데, 그것은 안전 항해를 방해하는 암초와 사주沙洲가 매우 많기 때문이다.

이 나라는 인구 밀도가 높다.＊

＊베네딕투스 크렐크가 나에게 사적으로 얘기할 때 조선은 인구 밀도가 높다고 했다[비촌 I, 471.

그리고 풍년이 들 때 남부 지역에서 재배하는 쌀, 목화, 곡물 등이 풍부하기 때문에 충분히 자급자족할 수 있다. 이 나라는 동남쪽으로 일본과 매우 가까워 부산에서 오사카*까지의 거리는 185 내지 190km밖에 안 된다. 또 이 두 도시 사이의 해협에 쓰시마 섬이 있는데 조선인들은 이곳을 대마도라고 부른다. 조선인들에 의하면 이 섬은 이전에 조선 땅이었으나, 일본과의 전쟁 후 맺은 조약에 따라 제주도와 바꾸었다고 한다.

이 나라는 서쪽으로 남경만南京灣|황해에 의해 중국과 떨어져 있으며, 북쪽으로는 높은 산맥으로 중국의 최북단에 위치한 지방과 연접連接하여 있기 때문에 완전한 섬은 아니다.*

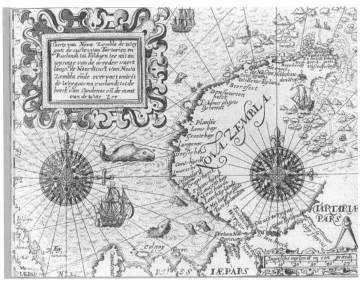

조선의 어장
갑판원인 베네딕투스 크렐크는 조선인의 포경선과 작살의 생긴 모양을 확인하고 노바야 젬야와 조선 그리고 일본 사이에 어장이 형성되어 있다는 결론을 내렸다.
|Henny Savenijel.

어업

동북쪽으로는 거대한 바다가 있다. 이 바다에서는 매년 네덜란드 제나 다른 나라 제품의 작살이 꽂혀 있는 고래*를 발견할 수 있다.

12~3월에는 많은 양의 청어가 잡힌다. 12월과 1월에 잡히는 청어는 북해에서 잡히는 것과 비슷하다. 그 뒤에는 우리 나라*의 튀김용 청어처럼 작은 종류가 잡힌다. 따라서 바이가트 섬|시베리아 북안에 있는 작은 섬|에서 조선과 일본으로 가는 수로가 있음에 틀림없다. 우리는 이 나라 동북해를 항해하고 있을 때, 조선인 항해사들에게 거기에 육지가 있는지 물어 보았다. 거기에 대해 그들은 망망대해만 있을 뿐이라고 말했다.

기후와 농업

조선에서 중국으로 가는 여행객들은 거의 항상 배를 타고 좁은 만을 지나간다. 그것은 겨울에는 산의 추위가 혹독하며 여름에는 맹수들 때문에 육로陸路가 위험하기 때문이다. 겨울에는 강이 단단히 얼기도 하는데 이때는 얼음 위로 쉽게 여행할 수 있다. 그리고 조선의 겨울에는, 우리가 1662년에 산중의 어떤 절에 머무를 때처럼 굉장히 많은 눈이 내린다. 이때 집과 나무들이 눈으로 덮여 있어서 다른 집에 가

*고래에서 발견된 네덜란드 제 작살 확인을 위해 나는 로테르담 출신으로 조선에서 13년간 억류되어 있었던 베네딕투스 크렐크와 이야기했다. 그는 고래에서 네덜란드 제 작살을 빼낼 때 현장에 있었다고 확언했다. 그는 이 작살을 알아 볼 수 있었는데, 그 이유는 젊었을 때 그와 그의 동료들이 고기잡이하러 네덜란드를 떠났기 때문이다. 게다가 그는 조선인은 특별히 만든 포경선과 포경 기술을 가지고 있다고 말했다. 그래서 그와 그의 친구들은 노바야 젬야와 스피츠버겐 사이에 적어도 고기가 지나갈 수 있는 수로가 있을 거라고 결론지었다. 조선의 선원들은 동북쪽에는 망망대해만 있다고 말했다. 그들은 그러한 수로는 아시아 쪽에서 찾는 것이 쉬울 거라고 생각했다. 작은 배들이 매일 북만주에서 왔는데 여기에는 북해가 원산지인 청어 같은 고기가 실려 있었다. 따라서 크렐크는 아시아와 아메리카가 이쪽에서 연결된 것이 아니라고 결론지었다|비츤 l, 43~4|.

*조선인은 바닷물로 좋은 소금을 만드는 법을 알고 있다. 네덜란드 사람은 청어를 소금 속에 저장하는데, 그 방법은 알려져 있지 않다|비츤 l, 57|.

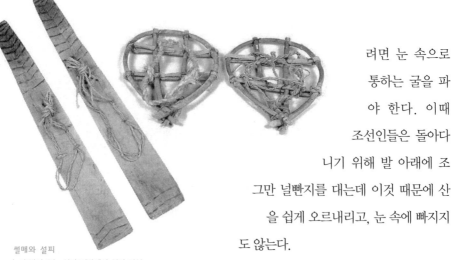

썰매와 설피
눈이 많이 오는 산간 지방에서 신던 덧신.
ⓒ 광주민속박물관.

*파낙스 인삼은 약용으로 다른 약이 효험이 없을 때 최후로 사용한다. 인삼이란 중국식 용어는 그 모습이 사람을 닮았다는 생각에서 비롯되었다. 많은 인삼이 만주의 깊은 산 속에서 나오는데, 진짜 인삼은 줄기[여기에서 잎이 생기는데]와 가운데의 뿌리, 그로부터 갈라져 나온 두 개의 뿌리로 이루어져 있다. 뿌리에는 나이테가 둘러져 있어 이것으로 햇수를 확인하며, 품질이 좋은 것일수록 나이테가 많다. 1891년에 조선의 인삼은 캐티당 10.14Tls 가치가 있었다[쿠울링, 『엔싸이클로피디아 씨니카』, 1917, 206]. 만주의 야생인삼[산삼]을 가리키는 듯하대은 거의 금이나 다름없는 가치가 있고, 심지어 조선의 재배된 인삼조차도 은과 맞먹는 귀중한 가치가 있다. 보통 약용으로 묘사되나, 오히려 중국인들의 의견에 따르면 놀라운 치료 효과가 있는 식용 강장제이다.

*하멜은 여기서 타르타르 족[만주족]을 의미하고 있다.

려면 눈 속으로 통하는 굴을 파야 한다. 이때 조선인들은 돌아다니기 위해 발 아래에 조그만 널빤지를 대는데 이것 때문에 산을 쉽게 오르내리고, 눈 속에 빠지지도 않는다.

북쪽 지방은 벼가 잘 자라지 않기 때문에 그곳 사람들은 보리와 기장이 주식主食이다. 목화도 자라지 않기 때문에 남쪽에서 운송해 온다. 이 지역의 서민들은 제대로 먹지도 못하며 대마나 아마, 동물 가죽 등을 초라하게 걸치고 있다. 그러나 이 지역에서는 인삼*을 재배한다. 인삼 뿌리는 중국[청나라]에 공물로 보내고, 또 중국·일본에 수출하기도 한다.

군주제君主制

조선 국왕의 권위는 그가 비록 청나라*에 신하의 예를 갖추긴 하지만 조선에서는 절대적이다. 그는 왕의 자문기관[의정부]에 복종하지 않고 절대권력을 행사한다. 이 나라에 읍이나 마을, 섬 따위를 소유하고 있는 봉건영주는 없다. 양반들의 수입은 소유지의 재산과 노비로부터 생긴다. 어떤 양반은 2천~3천 명에 달하는 노예[종]를 소유하고 있다. 어떤 섬이나 영지를 국왕으로부터 하사받는 이들도 있지만, 그들이 죽자마자 효력이 상실되어 국왕에게 귀속된다.*

병마兵馬

국가 방위를 위해 수도에 보병과 기병이 있다. 이들은 나라에서 봉록을 받으면서 왕궁을 지키고, 왕이 행차할 때 왕을 경호하는 임무를 맡고 있다.

각 도에서는 7년마다 한 번씩 돌아가면서 왕궁 수호를 위해 수도에 양민을 보내야 한다. 각 도에는 사령관[절도사] 1명이 3, 4명의 부대장[절제사 혹은 방어사]을 거느리고 있고, 각 부대장은 여러 명의 지휘관을 거느리고 있으며 그 지휘관들은 한 읍을 관장한다.

도시 내의 모든 구역에는 상사 1명이 있고, 촌락마다 하사 1명이 있다. 그리고 10명으로 이루어진 각 병사 집단에도 1명의 두목이 있다. 모든 대장들과 상사·하사는 그들 수하에 있는 모든 병사들의 명부를 작성해서 상관에게 제출해야 한다. 이렇게 해서 국왕은 항상 정확히 징집해야 할 병사들의 수를 알게 된다.

기병은 갑옷과 투구로 무장한다. 이들의 무기는 활과 화

편곤
조선 시대에 도리깨처럼 생긴 무기를 편곤鞭棍이라 했다. 말 위에서 쓰는 마상편곤, 여자 포교가 쓰던 쇠도리깨도 있었다.
© 전쟁기념관.

* 도화선이 있는 무기는 알려져 있지 않다. 이들은 도화선이 있는 무기를 사용하지 않는다. 그들은 가죽총을 사용하는데, 내부는 동판으로 덮여 있고 두께는 약 65mm이다. 여러 가죽총의 두께는 5~12mm이다. 이 총의 길이는 약 1.7m이며, 이것으로 상당히 큰 대포도 명중시킬 수 있다.

* 세 종류의 승려 계급이 있는 것 같다. 학승學僧은 학원, 연구, 책 편찬 및 사찰의 장長인 대사tai-sal가 이끄는 불교 의식에 전념한다. 중은 걸식하며 돌아다니는 승려로, 절의 건립과 유지 및 상비 병력 유지를 위한 자선품 및 자선금을 구걸하며 다닌다. 승군僧軍은 수비대 역할을 하며, 정렬되어 있고 무기 사용 훈련을 받는다[그리피스, 「조선」, 1905, 333].

살 및 일종의 도리깨 같은 것인데, 이 도리깨 같은 무기는 우리 나라(네덜란드)에서 곡물을 탈곡할 때 쓰는 것과 같으며, 끝 부분에 짧은 쇠붙이가 달려 있다. 철판과 뿔이 달린 투구와 갑옷을 입은 병사들도 있다. 이들은 화승총과 칼, 단창*으로 무장하고 있다. 대장들은 활과 화살로 무장하고 있다. 모든 병사들은 화약과 50발분의 총탄을 자비自費로 부담하며, 반드시 그것들을 소지하고 다녀야 한다. 우리가 서울에서 복무 중일 때 충분한 화약을 소지하지 않았다고 해서 볼기를 까고 볼기 다섯 대를 맞았다.[스티히터 판]

각 읍에서는 주변 사찰에 있는 많은 승려*들을 교대로 임명해서 자비로 산 속의 성채와 요새를 관리한다. 유사시에 이 승려들은 승군僧軍이 된다. 이들은 칼과 활, 화살로 무장하고 있다. 이들은 이 나라에서 가장 훌륭한 병사로 여겨지고 있으며, 그들의 계급에서 선출된 대장의 지휘를 받는다. 이들 역시 병사 명부에 올라 있다. 따라서 국왕은 항상 병사이든 대장이든 노동자든 승려든 간에 군복무에 임할 수 있는 양민의 수가 얼마인지 알고 있다. 60세에 달한 병졸들은 군복무가 면제되며, 이들의 아들이 이를 대신하게 된다.

국왕을 위해 봉사하지 않거나 그 복무가 면제된 사람들은, 노비들과 더불어 국가에 세금을 납부하기만 하면 된다. 그 인구는 전체 인구의 절반 이상에 이르는데 그것은 양민과 여자 종 사이에 태어난 자녀와, 사내 종과 여자 양민 사이에 태어난 자녀는 노비가 되기 때문이다. 부모 양쪽이 노비인 자녀는 모계의 주인에게 소속된다.

수군水軍

각 읍은 전투용 정크선|거북선|과 승무원, 탄약 및 다른 장
비들을 갖추고 있어야 한다. 이 전선戰
船은 이중二重으로 된 갑판과
20~24개의 노가 있다. 각각
의 노에는 5~6명이 배치되며,
전체 승무원은 200~300
명의 일반인, 군졸 및 조
타수 등으로 이루어져
있다. 그 배는 몇 대의
총과 많은 화약을 싣고
있다.

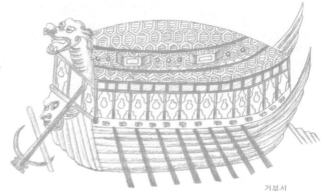

거북선
임진왜란 당시에 이순신李舜臣 장군이
실전에 응용한 세계 최초의
돌격용 철갑전선鐵甲戰船.

각 도에는 수군제독|수군절도사|이 있어 수군을 훈련시키고
매년 이 배들을 점검하는 시기도 있다. 만약 어떤 제독이나
함장이 의무 수행에 있어 조그만 과실이
라도 범하면, 그는 1666년 우리 제독이
그랬던 것처럼 추방되거나 파문 또
는 사형에 처해질 것이다.

판옥선
다층 전함이라는 점이 가장 큰 특
징이다. 전 시대의 전함들이 평선으
로 전투원과 비전투원이 함께 있어
전투 효율이 떨어지는 데 비해
판옥선은 비전투원인 격
군을 판옥 내에 숨기고
전투원은 상장 위에서 적
을 내려다 보며 공격할
수 있다. 또한 판옥선의
상장 위 넓은 갑판은 대포를
설치하기에도 좋으며 사정거리
도 늘릴 수 있는 장점이 있다.

행정行政

어전회의御前會議는 지위가 높고 낮은 고관들로 이루어져 있는 왕의 자문 기관이다. 이들은 매일 왕궁王宮에 등청登廳하여 국왕에게 모든 사건을 보고한다. 이들은 왕에게 어떤 것을 강요할 수는 없지만 말이나 행동으로 왕을 보좌한다. 왕뿐 아니라 이들도 이 나라에서 가장 중요한 사람들이다. 그들은 비행非行을 저지르지 않는 한 80세까지 재직할 수 있다. 조정의 다른 관직에서도 강등되는 경우가 아니라면 또한 그러하다.

지방 관찰사의 재직 기간은 1년이다. 다른 지방 관속들의 임기는 지위 고하를 막론하고 3년이다. 그러나 그들 대부분이 재직 중에 저지른 비행非行 때문에 임기 만료 이전에 쫓겨난다. 왕은 항상 전국에 암행어사를 두어 행정 전반에 걸친 상세한 정보를 입수한다. 따라서 많은 관리들이 사형이나 종신유형에 처해질 위험이 있다.

세입稅入

국왕, 지주, 도읍 및 마을의 수입에 관해 말하자면, 먼저 국왕의 수입은 농산물과 수산물의 징수에 의존한다. 국왕은 모든 도읍과 마을에 수확, 즉 그의 수입을 저장할 창고가 있다. 그리고 그것을 연리 1할로 평민에게 대출하여 수확하자마자 다시 거둬들인다.

지주地主들은 자기 자신의 수입으로 생활하며, 국왕을 모시는 양반은 국왕에게서 봉록奉祿을 받는다. 지방 관찰사는 시골이나 도읍에 집을 짓는 토지에 토지세를 부과하며, 그 부과 기준은 토지 면적에 달려 있다. 그 토지세 수입은 지방 관청의 경비와 관찰사 및 다른 관리들에게 지불하는 경비로 쓰인다.

군복무를 하지 않은 사람은 1년에 3개월간 부역에 나가야 하는데, 이때 국토의 유지에 필요한 여러 가지 일을 한다.

도읍과 마을에 있는 기병과 보병은 서울에 불려 간 기병과 보병의 비용을 충당하기 위해 매년 세 필의 포목을 관청에 내거나 이에 상당하는 액수의 은을 내야 한다.

형법刑法

국왕이나 국가에 반역한 반역죄 및 다른 중범죄重犯罪는 매우 가혹한 처벌을 받는다. 그 죄수의 전 가족이 파멸된다. 그 죄수의 집은 주춧돌까지 완전히 헐리며, 그 집터에 다시는 집을 지을 수 없다. 그의 모든 재산과 노비는 국가 재산으로 몰수되든가 다른 사람에게 양도된다.

국왕이 내린 선고에 복종하지 않고 트집을 잡으려는 자는 사형된다. 우리가 조선에 있을 때 이와 유사한 일이 있었다. 국왕의 형수가 바느질을 아주 잘하기 때문에 왕은 그녀

에게 예복을 한 벌 만들라고 명령했다. 그녀는 국왕을 경멸
하고 있었기 때문에 그 예복 안감에다 몇 개의 마술적인 약
초를 넣어 꿰맸는데, 이런 연유로 국왕이 그 옷을 입을 때는
언제나 불길했다. 왕은 바늘땀을 뜯어내고 그 옷을 조사해
보라고 명령했는데, 그 속에서 숨겨진 사악한 물질이 발견
되었다. 국왕은 그 부인을 방에 감금하고 마루가 구리로 되
어 있는 그 방에 불을 지펴 죽였다.* 당시 양반 출신의 고위
관료이자 궁정에서 매우 존경받던 그녀의 친척 한 사람이,
그 부인은 지체 높은 집안의 여자이므로 다른 방법으로 처
벌할 수도 있었을 텐데 국왕의 형벌이 너무 가혹했다는 상
소문上疏文을 올렸다. 이것을 읽고 왕은 그를 소환해서 하루
에 정강이를 120대 때리게 한 후 참수했으며, 그의 전 재산
과 노비를 몰수했다.*

이런 범죄와 다음에 언급할 다른 범죄들은 개인적인 범
죄로 간주된다. 따라서 반역죄의 경우와는 달리 그 죄수의
집안을 처벌하지는 않는다.

남편을 죽인 아내는 많은 사람들이 통행하는 한 길가에
어깨까지 땅에 묻는다. 그녀 옆에는 나무 톱이 놓여 있는데,
여기를 지나가는 사람들은 양반을 제외하고 누구나 그 나무
톱으로 그녀가 죽을 때까지 한 번씩 목을 쳐야 한다. 그리고
그 살해 사건이 일어났던 도읍이나 그 인접 지역은 몇 년 동
안 자체적인 지휘관을 가질 권리를 박탈당하며, 다른 도읍
의 지휘관이나 양반의 통치를 받는다.

만약 어떤 사람이 불만이 있어 자신의 지방 장관에 대해

*효종의 형수인 소현세자빈昭
顯世子嬪 강씨에 대한 것으로
실제의 강빈옥사姜嬪獄事는
하멜이 표류하기 7년 전인
1646년에 일어났다. 청나라
에 볼모로 잡혀 갔던 소현세
자가 1645년 귀국하자마자
병사했는데, 항간에는 독살되
었다는 소문도 있었다.

*황해 감사 김홍욱金弘郁. 소
현세자빈의 억울한 죄를 벗
겨 주려고 상소했다가 효종
의 분노를 샀다. 이 김홍욱
상소 사건은 효종 5년, 즉 하
멜이 입경하던 해에 일어났
다.

116 |

항거하거나, 조정에 지방 장관을 무고하는 경우, 이와 똑같은 처벌이 적용된다. 남편이 아내를 죽였을 때 그 이유가 간통이든 이와 비슷한 것이든 간에 그럴 만한 이유가 증명될 경우에는 처벌되지 않는다. 여자 노비를 살해한 사람은 그 노비의 주인에게 그녀 몸값의 3배에 해당되는 값을 물어야 한다. 노예가 주인을 죽이면 심한 고문을 받다가 죽는다. 주인은 사소한 과실에 대해서도 노비를 죽일 수 있다. 살인자는 발바닥을 여러 번 맞은 후 자기가 저지른 살인 방법과 똑같은 방식으로 죽임을 당한다.

사람을 살해한 자는 이렇게 처벌한다. 즉 그들은 식초와 더럽고 구역질나는 물로 희생된 시신을 씻고 난 뒤의 오수汚水를 배가 찰 때까지 깔때기로 받아 마신 후, 배가 터질 때까지 그 부풀어 오른 배를 두들겨 맞는다. 이 나라에서는 절도범은 엄중하게 처벌받지만 그럼에도 절도범이 상당히 많다. 절도범은 보통 발바닥을 때려서 서서히 죽게 한다. 간통을 하거나 기혼 부인을 납치한 자는 그 여인과 함께 발가벗기거나, 때로는 얇은 속옷만 입히고 얼굴에다 석회를 칠한 채로 온 마을을 돌아다니게 한다. 두 사람의 귀는 화살로 연결시킨다. 이들의 등에는 작은 짐을 매는데, 형리刑吏가 그 징을 두드리며 "저들은 간통한 자들이다."라고 외치고 다닌다. 그렇게 온 마을을 끌려 다닌 뒤에 볼기를 50 내지 60대 맞는다.

국가에 제때 납세하지 않은 사람은 매달 두세 번 정강이뼈를 맞는데 이것은 체납된 세금을 낼 때까지 계속되며 그

형틀의자
심문을 하거나
형벌 또는 고문을 가하기
위해 묶던 의자.
ⓒ 한국교회사연구소.

주장
곤장에서 파생된 형구로
표면에 붉은 칠을 해서 주장이라
함. 팔과 머리털을 뒤에서
엇갈리게 묶고 사금파리 위에서
무릎을 꿇게 한 뒤 양쪽에서
두들겨 팰 때 사용한다.
ⓒ 한국교회사연구소.

피트 길이의 단위. 1피트는 12
인치이며, 30.48cm임.

렇지 않으면 죽게 된다. 그가 죽게 되면 친척이 대신 내야 한다. 따라서 이 나라의 국왕이 세금을 못 받는 일은 결코 없다.

보통죄는 볼기를 까게 하고 때리거나 아니면 종아리를 때리는데, 이것을 수치로 생각하지는 않는다. 왜냐하면 사소하게 내뱉은 말 한 마디에도 매를 맞기 일쑤이기 때문이다.

일반 치안관들은 그 지방 관찰사의 허가 없이는 사형을 시킬 수 없다. 정강이를 때릴 때는 다음과 같이 한다. 우선 작은 의자에 앉히고 두 다리를 묶는다. 두 개의 띠로 정강이를 묶는데, 손바닥 폭만 한 띠로 발목 있는 데와 무릎 있는 데를 같이 묶는다. 그 띠 사이를 때리는데 참나무와 물푸레나무로 만들어진 몽둥이의 길이는 팔만 하고, 전면의 폭은 손가락 두 개만 하며, 두께는 왕관만 하고 후면은 둥글다. 30대 이상 맞은 뒤 서너 시간 정도 쉬었다가 판결이 날 때까지 계속 때린다. 처음부터 죄인을 죽이려고 하는 경우에는 길이가 3~4피트feet 정도 되는 굵은 몽둥이로 무릎 바로 아래를 때린다. 발바닥을 때릴 때는 다음과 같이 한다. 먼저 죄인을 땅에 앉힌 다음 두 발의 엄지발가락을 같이 묶고 허벅지 사이에 나무 조각을 끼워 넣는다. 그리고 팔 너비만 한 둥근 나무로 판관이 그만두라고 할 때까지

발바닥을 때린다. 그들은 이런 식으로 죄인
을 벌한다.

볼기를 때릴 때는 다음과 같이 한다. 죄인은
바지를 벗고 땅에 엎드리든가 때로는 묶인 틀[십자
형 형틀]에 몸을 구부려야 한다. 도덕적인 고려에서
여자는 속옷을 입히고 때리기 좋도록 물로 적신다. 길
이가 4~5피트 되고 위쪽은 둥글고 손바닥만큼 넓으며 두
껍기는 작은 손가락만 한 납작한 나무로 때린다. 이렇게 백
대를 맞으면 죽어 버린다. 남자나 여자를 작은 틈에 세우고
손가락만 한 두께의 2~3피트 길이의 막대나 회초리 다발로
때리는 수도 있다. 이럴 경우 차례를 기다리던 죄인들이 너
무나 통곡하는 바람에 그 아우성 소리가 매맞는 것보다 더
질겁하게 만든다. 아이들은 보다 더 작은 회초리로 종아리
를 맞는다. 그 밖에 여러 가지 처벌 방법이 있으나 그것을
다 열거하려면 시간이 길어지니 이 정도로 해 두겠다.

곤장
곤棍과 장杖으로
나뉜다. 곤은 사형죄를
범한 자에게 사용되는 중곤, 일
반 군율용에 사용되던 대 · 중 ·
소곤으로 버드나무로 만든다.
장은 가시나무로 만들며 옹이와
눈을 깎아 버리고 얇은 쪽으로
볼기를 치게 되어 있으나 실제
로는 그렇지도 않았다.
ⓒ 한국교회사연구소.

종교

일반인들은 그들의 우상 앞에서 일종의 미신을 지키지만
우상보다는 공직에 있는 관리에게 더 경의를 표한다. 고관高
官과 양반들은 우상을 숭배하지 않는데 자기 자신들이 우상
보다 더 훌륭하다고 생각하는 것 같다. 또 사람이 죽게 되면
그의 지위고하를 막론하고 승려가 와서 고인故人을 위해 염

불을 외고, 고인에게 줄 공양물을 가지고 온다. 고위 관료가 죽었을 때는 200~300km 떨어져 사는 친척과 친구들이 장례식에 찾아와서 고인에 대해 경의를 표하기도 한다.

제삿날에는 일반 백성과 농민들이 와서 우상에게 절을 한다. 그들은 태우는 공양물로 우상 앞의 작은 단지에 향을 피운다. 절을 하고 나서 그만 물러간다. 그들은 선한 일을 한 사람은 나중에 복을 받고, 악한 일을 한 사람은 벌을 받는다고 믿고 있다.

설교와 교리문답 같은 것은 전혀 없으며, 그들의 신앙을 서로에게 가르치지도 않는다. 그들이 어떤 신앙을 가지고 있다 해도 종교에 대해 논쟁하는 법은 결코 없다. 그 이유는 전국에 걸쳐 우상에 대해 동일한 방식으로 예배하기 때문이다.

승려는 하루에 두 번 우상 앞에서 염불을 외고 공양물을 바친다. 축제일에는 많은 사람들이 절에 온다. 그러면 승려들은 모두 징을 치고 북을 치고, 다른 악기들을 연주하면서 염불을 왼다.

사원寺院과 사찰寺刹은 이 나라에 상당히 여러 군데 있는데 모두 경치가 좋은 산 속에 있으며 각각 그 해당된 도시의 지배를 받는다. 어떤 사찰에는 500~600명의 승려가 있는 곳도 있고, 어떤 도읍의 관할구역에는 3,000~4,000명의 승려가 있다. 그들은 10명, 20명 혹은 30명씩 한 집에 살고 있으며 때로는 더 많을 때도 있고 적을 때도 있다. 그리고 각각의 거주지에는 최연장자가 통솔해 간다. 어떤 승려가 과실을 범하면 연장자가 볼기 20~30대를 때릴 수 있다. 그러

나 중대한 범죄일 경우 지방 치안관에게 인계된다. 학문만
잘하면 누구나 희망에 따라 승려가 될 수 있고, 적성에 맞지
않으면 언제든지 그만둘 수 있다. 이 나라에서 승려는 그다
지 존경을 받지 않는다. 그들은 국가에 많은 공물을 바쳐야
하며, 천한 일도 해야 하기 때문에 거의 국가의 노비나 다름
없다.

그러나 고위급의 승려는 높은 학식 때문에 아주 존경을
받으며 이 나라의 유식 계급 중 하나로 여겨진다. 그들은 국
왕의 승려l국사國師l라 불리며, 국새國璽를 소지하고 있고, 사
찰을 순시할 때 일반 치안관처럼 판결을 내릴 수도 있다. 그
들은 말을 타고 여행을 하며, 큰 환영과 우대를 받는다.

승려는 동물 혹은 동물을 가공한 음식을 먹을 수 없다.
계란도 먹지 않는다. 그들은 머리카락과 수염을 전부 깎아
야 한다. 그들은 여자와 관계를 맺을 수도 없다. 이 규칙을
어기는 사람은 벌로서 볼기 70~80대를 맞고 사원에서 쫓겨
난다. 절에 들어가자마자 젊은 승려는 삭발한 후 한쪽 팔에
먹물을 들인다.＊ 그래서 그들이 승려라는 것을 즉시 알리게
된다. 보통 승려들은 그들의 생활비를 노동이나 상업 혹은
구걸로서 얻지 않으면 안 된다.

모든 사찰마다 많은 소년들을 모아 놓고 승려들이 열심
히 글읽기와 쓰기를 가르쳐 준다. 이 소년들이 머리를 깎으
면 스승의 종자가 된다. 종자들이 얻어온 물건은 스승이 종
자에게 자유를 줄 때까지는 스승의 소유가 된다. 종자는 주
인이 죽으면 상속자가 되어 상복喪服을 입는다. 자유의 몸이

＊불탔다lpul-tattal 의식 즉
'불을 영접하는 의식'은 승려
가 되겠다는 선서 직후에 행
해진다. 머리카락을 깎은 후
타고 있는 부싯깃의 원추 부
분을 그 사람의 어깨 위에 놓
는다. 그러면 조그만 덩어리
에 불이 붙어 그것이 천천히
살갗 속으로 타 들어가 굉장
한 고통을 주며 이 고통의 상
처가 성스러움의 증거로 남
는다. 이것은 입문식 역할을
하지만 만약 서약을 어기면
그러한 고통은 의식 때마다
되풀이된다. 이런 식으로 종
교적인 훈련이 유지된다l그리
피스, 「조선」, 1905, 335l.

된 종자는 친아버지처럼 자기를 길러 주고 가르쳐 준 데 대한 감사의 마음으로 상喪을 치러야 한다.

우상에 대한 숭배와 육식 금식을 하는 승려와 비슷한 행동을 하는 사람들이 있으나 이들은 삭발도 하지 않고, 결혼도 할 수 있다.*

사원과 사찰은 부유한 고관이나 일반 신자들이 지어 주며 이들 모두 자기 재산 형편에 맞게 기부를 한다. 승려들은 일을 하며 그 대가로 사찰 관할권이 있는 그 도읍 치안관의 임명을 받은 주지 승려에게서 음식과 얼마간의 돈을 받는다.

많은 승려들은 아주 오랜 옛날에는 모든 사람들이 동일한 언어로 말했지만 하늘로 올라가려고 탑을 세웠기 때문에 전 세계가 변했다고 믿고 있다.

양반들이 절이 산이나 숲 속에 있어 경치가 좋기 때문에 기생이나 다른 동료들을 데리고 종종 놀러 온다. 절은 이 나라에서 가장 좋은 건물로 여겨지지만 절이라기보다는 매춘굴이나 술집 같아 보인다. 보통 사찰에서는 중들이 종종 술을 마시는 경우도 있다.

우리가 서울에 있을 때 여승이 있는 절이 두 군데 있었는데 하나는 양반 부인용이고, 또 하나는 서민 여인들을 위한 것이었다. 그녀들은 머리를 깎고, 남자 중들이 하듯 식사하고 우상을 숭배한다. 그들은 국왕과 고관들의 묵인하에 유지되어 왔다. 그러나 4~5년 전에 현재의 국왕*이 두 절을 폐쇄하고 여승들에게 결혼을 허락했다.*

*중국인의 관심을 불교와 분리시키는 도교는 조선에는 거의 알려져 있지 않다(로스, 「조선의 역사」, 355l.

*조선의 20대 왕은 현종으로 묵덴에서 태어났다. 그는 여승들이 있는 사찰을 파괴해 버렸다(파커, '조선', 「차이나 리뷰」 14권, 63l.

*마테우스 에보켄은 우리에게 조선 사람들이 중국인과 다소 비슷한 다신교 신앙을 갖고 있다고 알려 주었다. 그러나 어느 누구도 신앙 문제에 있어 강요받는 일은 없다. 그들은 다른 네덜란드 죄수들이 이 우상을 희롱해도 참고 있었다(비츤 I, 55l. 조선에서는 네덜란드의 완전한 가옥 크기만 한 우상을 발견할 수 있고, 특징적인 점은 거의 모든 절에 세 개의 불상이 나란히 서 있다는 점이다. 이들 중 가운데 불상이 가장 크며 똑같은 모양과 똑같은 복장을 하고 있다. 에보켄은 성 삼위일체의 어떤 잔영이 여기에 숨겨져 있다고 보았다(앞 책, 56–57l.

주택

　고관들은 아주 아름다운 저택에서 살지만 일반 백성들은 아무 보잘것없는 거처에서 지내야만 한다. 이 나라 사람들은 자기 마음대로 집을 개량할 수가 없다. 지방 포교의 허가 없이는 지붕의 기와를 올리지도 못한다. 따라서 대부분의 집은 갈대나 볏짚 따위로 지붕을 잇는다. 마당은 담이나 울타리로 옆집 마당과 분리되어 있다. 주택은 나무 기둥을 쓴다. 벽의 하단부는 돌을 쌓고 이 위에 작은 목재를 열 십자로 엮은 다음 안팎에 진흙과 모래를 칠한다. 이 벽의 안쪽에는 벽지를 바른다. 겨울에는 매일 방바닥이 일종의 난로와 같이 달궈져서 항상 방이 따뜻하므로 그것은 방이라기보다는 오히려 오븐[화덕]이라고 하는 것이 더 적절할 것이다. 방바닥에는 유지가 발라져 있다. 가옥은 단층이며, 위쪽에 작은 다락방이 있어 자질구레한 물건들을 집어넣는다.

　양반들은 항상 자기 집 앞에 별채를 두어 그곳에서 친척과 친구들을 접대하고 때로는 잠을 재워 주기도 한다. 그들은 또한 그곳을 휴식을 취하는 데 이용하기도 한다. 대체로 그 집의 안뜰은 큰 편이며, 거기에 연못과 정원이 있고, 여러 종류의 꽃들과 희귀한 식물, 나무, 정원석 등으로 가꾸어져 있다. 부인들은 집의 가장 안쪽에 사는데 그것은

일반적인 양반 가옥 구조

통행인들이 쳐다볼 수 없게 하기 위해서다.

장사꾼이나 명사들은 그들 집 옆에 상점을 두어 거기에 물건을 저장하기도 하고, 업무를 보기도 하며 친척을 접대하기도 한다. 이들은 보통 담배와 술로 대접한다. 부인들은 자유롭게 나들이를 하지만 연회 석상에서는 남편들과 반대편 자리에 그들끼리만 나란히 앉는다.

대체로 집 안에 가구는 별로 없지만 일상용품은 갖추어져 있다. 술집이나 유희를 즐기기 위한 집들이 많은데 남자들은 이런 곳에 가서 기생들이 춤추고, 노래하며 악기 타는 것을 즐긴다. 여름이 되면 조선인들은 산 속, 숲으로 가서 휴식을 취한다.

여행과 환대

여행자들이 하룻밤 묵을 수 있는 여관은 없다. 여행자들은 길을 가다가 날이 저물면 비록 양반 집이 아니더라도 어느 집이든지 들어가 잠을 청하고 자기가 먹을 만큼의 쌀을 내놓는다. 그러면 집주인은 즉시 이것으로 밥을 지어 반찬과 같이 나그네를 대접한다. 여러 마을에서는 집집마다 돌아가면서 나그네들을 맞는데, 이에 대해 아무런 군소리도 없다.*

서울로 가는 큰길에는 고관이든 일반 백성이든 여행자들이 묵어갈 수 있는 진정한 의미의 휴게소|주막집|가 있다. 양

반이나 그 지방의 일로 다른 지방에 여행하는 여행자들은
그 지역 포교捕校*의 집에 묵으며 음식을 대접받는다.

포교 '포도부장捕盜部將'의 별칭.

결혼

사촌 이내 친척들과의 결혼은 허용되지 않는다. 연애도
하지 못하는데 그것은 부모가 자녀 나이 여덟 살이나 열 살
혹은 열두 살에 혼약을 시키기 때문이다. 대체로 여자는 부
모가 아들이 없는 경우가 아니라면 남자의 부모 집에 가서
산다. 여자들은 거기에서 살림을 꾸리고 일하는 것을 배울
때까지 같이 산다. 결혼하기 전에 여자는 자기 부모의 집으
로 돌아간다. 그러면 신랑은 친척과 친구들을 동반하고 마
을을 일주한다. 그런 다음 신부는 부모와 친척들을 동반하
고 신랑의 집에 간다. 거기에서 더 이상의 어떤 의식이 없
이 결혼식이 거행된다.

남자는 아내가 이미 몇 명의 자식을 낳은 뒤라 해도 내보
내고 다른 여자와 결혼할 수 있다. 그러나 여자는 법이 허용
한 경우가 아니라면 이런 특권을 누리지 못한다. 남자는 먹
여 살릴 수만 있다면 여러 명의 첩을 둘 수 있다.

또 마음만 내키면 기생의 집에 갈 수도 있으며 이로 인해
비난을 받지도 않는다. 정실正室 부인 한 사람만이 집 안채에
살며 살림을 꾸려가고 다른 첩들은 다른 곳의 집에서 따로
따로 산다. 양반이나 고관들은 대체로 두세 명의 아내를 한

집에 데리고 사는데 이들 중 한 명이 집안 살림을 꾸려 간다. 각각의 소실小室들은 자기 자신의 거처를 가지고 있으며 주인은 마음이 내킬 때 이곳을 방문한다. 이 나라에선 아내를 마치 여자 노예처럼 다루며, 사소한 일로 아내를 내쫓을 수 있다. 남편이 아이들을 맡고 싶지 않다면 쫓겨난 여자가 아이들을 데리고 가야 한다. 이 나라의 인구 밀도가 높은 것도 당연한 일이다.

교육

양반이나 부유층에서는 자식들에게 좋은 교육을 시킨다. 그들은 가정교사를 두어 자녀들에게 읽기와 쓰기를 가르치게 한다. 이 나라에선 이 두 가지 교육에 대단한 관심을 가지고 있다. 이 교육은 점잖게 실시된다. 아이들은 과거의 많은 현인賢人들에 관해서, 또 그 현인들이 어떻게 지위와 명예를 얻게 되었는지에 관해서 끊임없이 듣게 된다. 아이들은 거의 밤낮을 가리지 않고 독서를 한다. 이런 어린애들이 자기가 배운 책을 이해하고 해석하는 것을 보면 정말 경탄할 만하다. 각 마을마다 그 마을을 빛낸 사람들에게 매년 제사 지내는 사당이 한 채 있다. 이곳에는 보존할 만한 가치가 있는 옛 문서들이 소장되어 있다. 양반들은 거기에서 독서를 하기도 한다.

매년 각 지방의 두서너 도읍에서는 과거 시험이 실시된

다. 시험관이 도읍을 방문하여 무술과 치안 부문에서 직장을 구하려는 사람들의 실력을 시험한다. 여기서 행정 권한을 부여하기에 적합한 사람들의 명단은 조정에 보고된다. 이렇게 해서 매년 한 번 왕의 사신들이 전국에서 모인 후보자들의 실력을 시험해 본다. 이 시험에는 치안과 무술 분야에서 승진의 기회를 찾는 사람들뿐만 아니라 이전에 조정의 요직에 있었던 사람들 및 현재 관직에 있는 사람들에 이르기까지 이 나라의 주요 인사들이 대거 참여한다.

이 시험에 통과한 사람들에게 국왕은 승진 증서를 수여한다. 이것은 그들이 매우 탐을 내는 서류이다. 이 자격을 얻기 위해서 많은 젊은 양반들이 늙어서 거지 신세가 되는 수가 있는데 이를 위해서 값비싼 기부금과 연회 비용 등으로 재산을 다 날려 버리기 때문이다. 자식들의 공부를 위해 거액의 돈을 투자하는 부모도 많이 있다. 실제로 많은 사람들이 그들의 목표인 관직을 얻지 못한다. 그러나 자기의 자식이 과거에 급제했다는 사실 하나만으로도 부모에게는 기쁨이자 희생에 대한 보상인 셈이다.

부모들은 자식들을 매우 소중히 여기는데, 자녀들도 이와 마찬가지이다. 만약 부모가 죄를 지어 도망간다면 자식들이 그 죄값을 받아야 하며, 자식들이 잘못했을 경우에도 이와 마찬가지로 부모가 그 죄값을 받아야 한다.

노비의 부모들은 자식들을 거의 돌보지 않는데 그것은 자식들이 커서 일할 수 있게 되면 주인이 즉시 데려가기 때문이다.

장례

자식들은 아버지가 죽었을 때는 3년, 어머니가 죽었을 때는 2년간 상복喪服을 입는다. 그 기간 동안 그들은 승려들처럼 육식을 금하며, 관직에 나아갈 수도 없다. 요직이든 비요직이든 간에 관직에 있는 사람들이 부모가 죽게 되면 즉시 사직해야 한다. 상중에는 아내와의 성교도 금지된다. 이 기간 중에 자식을 낳으면 그 아이는 사생아로 취급된다. 이 기간 중에 말다툼이나 싸움은 금물이며, 술을 마셔서도 안 된다. 그들은 옷단이 없는 긴 삼베 옷을 걸치며 모자는 쓰지 않는다. 그들은 여자들이 입는 거들처럼 어른 팔뚝만 한 두께의 굵은 허리띠를 착용한다. 머리에는 허리에 대는 것보다 더 가는 끈을 두르고, 대나무로 된 두건을 쓴다. 손에는 굵은 지팡이나 대나무 막대기를 드는데 이것으로 부모의 어느 쪽이 죽었는지 알 수 있다. 대나무는 아버지, 굵은 지팡이는 어머니가 죽었음을 나타낸다. 상중에 있는 사람은 거의 몸을 씻지 못하므로 몰골이 말이 아니어서 사람의 얼굴이라기보다는 흡사 허수아비의 모습 같다.

사람이 죽으면 그의 친척들은 마치 미친 사람들처럼 행동한다. 그들은 머리카락을 잡아 뜯으면서 거리를 뛰어다니며 곡을 한다.

상복
ⓒ 한국순교자기념관.

매장을 할 때는 특별히 신중을 기한다. 풍수지리가들이 대부분 홍수가 나지 않는 산 속에 적당한 장지葬地를 고른다. 시체는 각 층의 두께가 5~7cm인 이중二重 관 속에 넣어 매장된다. 관 속에는 사자死者의 재산 정도에 따라 새옷과 다른 물건들을 넣는다. 매장은 보통 봄이나 가을 추수가 끝난 뒤에 한다. 여름에 죽은 사람은 기둥 위에 세워진 작은 볏짚 움막 속에 잠시 안치되었다가 매장할 때 집으로 모셔 와서 여기에 앞서 말씀드린 것처럼 옷과 물건을 넣은 관 속에 옮겨진다. 그들은 발인發靷 전날 밤에는 밤새도록 유쾌하게 떠들어대다가 다음날 아침 일찍 관을 운구運柩한다. 운구하는 사람들은 춤추고 노래를 부르는 반면 고인의 친척들은 울고 곡을 하며 관 뒤를 따라간다. 장례 지낸 3일 뒤에 친척과 친구들은 다시 무덤에 가서 제사 지내고 즐겁게 보낸다.

무덤은 보통 4 내지 5, 6피트 높이로 흙을 조그맣게 쌓아 올리고 정성껏 손질한다. 고관들의 무덤에는 비석과 석상이 세워지는데 비석에는 죽은 사람의 이름, 집안의 내력 그리고 경력 등이 새겨진다. 8월 15일에는 무덤의 풀을 베고 햅쌀로 제사 지낸다. 이 날은 그들에게 있어 설날 다음으로 큰 명절이다. 그들은 달의 순환을 기준으로 역서를 만들기 때문에 3년마다 일 년을 열석 달로 계산한다.

이 나라에는 점쟁이, 즉 무당이 있다. 이들은 사람들에게 전혀 해를 끼치지 아니하며, 죽은 사람이 편히 저승에 갔는지 못 갔는지, 죽은 장소에 매장되었는지 어떤지를 점치며 그 점에 따라 점괘가 좋지 않으면 시체를 다른 곳으로 이장

장지 장사 지낼 땅. 시체를 묻을 땅.

운구 시체를 넣을 관을 운반함.

하라고 지시한다. 때로는 무덤을 두세 번 이상 이장하는 경우도 있다.

부모의 장례를 치른 후 장남이 부모의 집과 거기에 딸린 모든 것을 소유한다. 다른 재산, 토지 소유권 및 물건들은 다른 아들들과 분배한다. 아들이 있는 경우 딸들이 유산을 분배받았다는 얘기는 결코 들어 본 적이 없다. 또한 부인들의 경우도 마찬가지이며 이들은 단지 자기의 의류와 소지품 및 결혼식 때 가져왔던 물건들만 가질 수 있다.

부모가 80세가 되면 그들의 재산을 장남에게 물려줘야 하는데 그 이유는 더 이상 재산 관리를 할 수 없다고 여기기 때문이다. 그러나 그들은 여전히 존경을 받는다. 재산을 상속받은 장남은 물려받은 토지에 부모가 살 집을 지어 주고 그들을 부양한다.*

국민성

이 나라 사람들의 용기와 성실성에 대해 말하겠다. 조선인은 물건을 훔치고, 거짓말하고, 속이는 경향이 강하다. 그들을 지나치게 믿어서는 안 된다. 그들은 남에게 해를 끼치고서 그것을 부끄럽게 생각하지 않고 오히려 영웅적인 행위라고 여긴다. 어떤 사람이 말과 소를 살 때 상인에게 사기를 당했을 경우에는 3~4개월 지난 뒤에도 계약을 취소할 수 있다. 토지와 부동산의 거래는 지불이 되기 전이라면 취소할

*매년 왕은 저승에 있는 조상들의 명복을 빌기 위해 조상의 무덤에 가서 제사를 지내고 연회를 베푼다. 에보켄은 왕을 수행해서 몇 백 년 된 무덤의 옆에까지 갔었다. 그 무덤은 우묵하게 들어간 산에 있으며 철문을 통해 들어간다. 이 장소는 수도에서 약 45~60km 떨어진 지점에 있다. 죽은 이는 철이나 양철로 만든 관 속에 누워 있다. 시체들은 몇 백 년 동안 썩지 않도록 방부 처리되어 있다. 왕이나 왕비가 매장되면 한 젊은 남녀 노비가 약간의 식량만 주어진 채로 그 철문 안에 갇혀 남겨진다. 이 식량이 다 떨어지면 이 노비들은 저승에서 주인을 모시기 위해 죽어야 한다(비츤 I, 56).

수 있다.

또한 조선인은 성품이 착하고 매우 곧이 잘 듣는 사람들이다. 우리는 그들에게 우리가 원하는 것은 어떤 것이나 믿게 할 수 있었다. 그들 특히 승려들은 외국인에 대해 호감을 가지고 있다. 그들은 여자 같은 감수성을 지니고 있다. 즉 믿을 만한 사람들은 아주 오랜 옛날에 일본인들이 쳐들어와 조선의 왕을 죽이고, 마을을 불태우고, 파괴했다는 것을 우리에게 이야기해 주었다. 네덜란드 인 얀스 벨테브레는 청나라가 얼음강(압록강)을 건너 이 나라를 점령했을 때 많은 군사들이 적의 손에 죽기보다는 숲 속으로 가서 목매달아 죽었다고 말해 주었다. 조선인들은 자살하는 것을 수치스런 행동으로 여기지 않으며, 필요에 의해 그렇게 한다고 말하며 자살자를 가엾게 여긴다.

또 네덜란드, 영국 혹은 포르투갈의 배가 일본을 향해 가던 중 조선국 근해에서 표류하는 수가 있는데 조선국 전함이 이 배들을 나포拿捕하려고 할 때 수병들이 바지만 더럽히고 아무 소득 없이 돌아오는 경우가 있다.

조선인은 피를 보기 싫어한다. 어떤 사람이 싸우다 쓰러지면 다른 사람들은 도망간다. 그들은 질병 특히 전염병에 대해서는 대단한 혐오감을 가지고 있다. 전염병에 걸린 환자는 당장 읍이나 마을 밖 들판의 작은 초막으로 데려가 거기서 살게 한다. 간호하는 사람 외에는 아무도 그 환자에게 접근하지 않으며, 말도 하지 않는다. 그 근방을 지나가는 사람은 그 환자의 앞쪽에 있는 땅에 침을 뱉는다. 간호해 줄 친구가 없는 환자는 그대로 내버려진 채 죽게 된다.

전염병이 발생한 집이나 마을은 소나무 가지로 거리를 막고, 그 환자의 집 지붕은 모든 사람이 알도록 가시 관목으로 덮어놓는다.

무역

국내외 무역에 관해 말하자면 조선에서 거래를 하는 유일한 민족은 일본인들뿐이다. 일본인들은 쓰시마 섬의 영주가 소유하고 있는 조선의 동남부에 있는 부산이란 도시에 무역 기지를 두고 있다. 북경과 중국의 북부 지방과의 교역도 조금 있는 편이다. 조선의 상인들이 말을 타고 중국으로 가서 교역을 하기 때문에 상당한 비용이 들어서 부유한 상인들만이 이런 거래를 할 수 있다. 서울에서 북경을 갔다 오는 데는 적어도 3개월이 걸린다.

국내 무역으로는 교환 수단으로 대부분 포목을 쓴다.*

거상巨商들은 교환 수단으로 은을 사용하지만 농부들과 일반 서민들은 쌀이나 그 밖의 곡물을 이용한다.

청국의 지배를 받기 전까지 이 나라는 풍요롭고 평화로운 나라여서 사람들은 오직 먹고 마시고 향락을 즐겼다. 그러나 지금은 청나라와 왜구로부터 너무 착취를 당해 흉년이 들 때는 거의 식량이 부족할 지경이다. 그것은 그들이 청나라 사람들에게 많은 공물을 바치기 때문인데, 청나라 사람

* "1651년에 화폐로 엽전을 사용하고 포목을 사용하지 못하도록 하는 법령이 공포되었다. 지금까지 줄곧 엽전 사용을 막고 대신 쌀과 포목을 사용하게 하려고 갖은 애를 썼던 엽전 사용 반대파가 있었다. 이제 이 일당은 급속히 사라져 가고 있었다. 그 일당이 5년 뒤에 엽전 사용 법령 폐지를 가져오는 데 성공하기는 했지만 그 당시 사람들은 엽전 사용에 매우 익숙해져 있어서 스스로 몰래 엽전을 주조하기 시작했다. 1678년에 쌀과 포목은 화폐 기능을 완전히 상실하게 되었다." IM, 이찌하라, '고대 조선의 주화', 「왕립 아시아학회 회보」, 한국지부 1913, 2부, 61l.

들은 일 년에 세 번 공물을 징수하러 온다.[*]

주변 세계

조선인들은 이 세상에 12개의 국가나 왕국만이 있다고 생각한다. 그들의 말에 의하면 이 나라들은 한때 모두 중국 황제의 지배하에 있었기 때문에 중국 황제에게 공물을 바쳐야 했다. 그러나 지금은 청나라 인이 중국은 점령했으나 다른 나라는 정복할 수 없었기 때문에 공물을 바치지 않는다. 그들은 청나라 인들을 태국사[*]와 오랑캐[야만인]로 부르고 우리 나라를 남반국|Namban-kuk|[*]이라고 부르는데 이 남반국이란 명칭은 일본인들이 포르투갈 인을 부를 때 사용했던 것이다. 우리 네덜란드 인이나 네덜란드에 대해서 아무 것도 모른다. 그들은 남반국이란 명칭을 일본인에게서 배웠으며, 이제 이 명칭이 담배 때문에 그들 사이에 퍼지게 되었다. 50~60년 전에 그들은 담배에 대해 전혀 몰랐다. 그때 일본인들이 그들에게 담배 재배술과 사용법을 가르쳐 주었다. 그리고 일본인들은 그 담배 씨를 남반국에서 가져왔다고 말했기 때문에 지금도 많은 사람들이 담배를 '남반코'라 부른다. 이 나라에서는 담배를 많이 피우는데 여자들은 물론 네댓 살 되는 아이들도 담배를 피운다. 담배를 피우지 않는 사람은 거의 없다. 담배가 맨 처음 이 나라에 수입되었을 때 그들은 파이프 하나에 은 한 냥[약 4g]이나 이 가격에 상응하

[*] 조선은 1643년에 조공의 1/3을 청국에 보냈다. 다음 해 청은 조선왕 책봉을 위해 북경에 갔던 왕세자를 조선에 돌려보낼 때 그 조공의 1/2을 보냈다. 강희, 옹정, 건륭은 조선인을 마치 청국인처럼 취급하고 1/10세만을 요구하며 자주 조공을 면해 주었다[로스, 「조선의 역사」, 288]. "일 년에 한 번꼴이나 반년에 한 번꼴로 북경에 조공을 보낸다. 그때 많은 상인들이 수행하는데 이들은 조공의 양보다 훨씬 더 많은 이익을 가지고 돌아온다."[앞 책, 365].

태국사 원문은 Tieckse로 표기되어 있으며, '티엑스'로 발음되나 뒤에 나오는 '오랑캐'로 보아 대국大國 사람임을 알 수 있다. 대국 사람을 속어로 되놈, 대국을 되국, 때국이라 했으며 '사람'이 약하게 발음되어 '태국사'라 표기한 것으로 보인다.

남반국 일본어 남반南蠻과 우리말 국國의 합성어. 우리말이라면 남만국이라야 옳고 일본어라면 남반고쿠라야 옳다. 포르투갈 인을 지칭하는 남만을 일본인들이 부르던 그대로 남반이라 했던 것 같다.

는 것을 주고 샀다. 따라서 남반국은 그들에게 가장 좋은 나라 중 하나로 알려져 있다.

그들의 옛 문헌에 의하면 이 세계에는 84,000이나 되는 나라가 있다고 하는데 그들은 이 말을 하나의 지어낸 이야기쯤으로 여기며, 그 숫자 속에는 섬이나 절벽, 암초 따위가 포함되어 있다고 말한다. 왜냐하면 태양이 지구를 일주할 적에 그렇게 많은 나라 위를 지나갈 수는 없을 것이라고 생각하기 때문이다. 우리가 많은 나라들이 있다는 말을 했을 때 그들은 모두 우리를 비웃으며 그런 것들은 어느 도시나 마을 이름일 것이라고 말했다.

농업, 광업 및 한약

이 나라는 필요한 식량을 자급자족할 수 있다. 쌀이나 그 밖의 곡식이 풍부하며 무명이나 베를 짠다. 누에 또한 상당히 많이 치지만 좋은 품질의 비단을 만들어 낼 직조 기술에 대한 지식이 부족하다. 은, 철, 납 등이 산출되며*, 호피虎皮나 인삼 뿌리, 다른 물건들이 거래된다. 조선인들은 많은 약초를 재배하지만 일반인들은 거의 그 약초를 쓰지 못한다. 의원은 고관들을 위해 있는 것이지 일반 백성들이 의원을 부를 여유가 없기 때문이다. 조선은 본래 매우 건강한 나라이다.*

일반 백성들은 의사 대신 장님이나 점쟁이를 찾는다. 일

*에보켄은 구리, 주석과 철 광산뿐 아니라 금과 은 광산도 본 적이 있었다. 은 매장량은 아주 많았다. 광산 허가는 특별한 사람에게만 주어졌다. 왕은 여기에서 세금을 받는다. 조선의 구리는 매우 밝은 색깔이고 소리가 맑다. 에보켄은 금 광맥을 본 적은 없었지만 몇 개의 강 바닥에서 약간의 사금을 캤었다. 금 광산은 은이나 다른 광산과는 달리 그다지 개방을 하지 않았는데 그 이유를 에보켄은 알 수 없었다(비촌 I, 58).

*조선의 기후는 의심할 나위 없이 세계에서 가장 좋고 건강에 좋다. 외국인이 어떤 기후 질환으로 고생하는 일은 없다(이사벨라 버드, 「조선과 그 이웃나라」, 1897, 16).

반 백성들은 장님이나 점쟁이들이 산이나 강가, 절벽, 암초 또는 우상이 있는 절에 가서 제사를 지내라고 하는 충고를 따른다. 그러나 1662년 왕명으로 이것들이 폐지되고 파괴되었기 때문에 지금은 그다지 실시되지 않고 있다.

도량형

도량형은 전국적으로 통일되어 있지만 일반 백성들이나 소매 상인들 사이에서는 속임수가 많다. 사는 사람들은 무게나 길이가 부족한 것을 발견하는 반면 파는 사람들은 무게나 길이를 지나치게 불리기 일쑤이다.

대부분의 지방에서 관찰사들이 이런 일을 엄중히 단속하지만 사람마다 각자의 저울과 자를 가지고 있기 때문에 그런 행위를 근절할 수가 없다.

이 나라 사람들은 엽전 이외의 화폐는 모른다. 그 엽전은 중국 국경에서만 통용된다. 그들은 은을 크거나 작은 조각으로 무게를 달아서 값을 지불하는데 마치 일본의 냥과 같다.

조선 시대의 엽전
ⓒ 농업박물관.

동물군

이 나라에는 말과 암소, 황소 등이 많이 있는데 황소는 거의 거세되는 일이 없다. 그들은 논밭을 갈 때 암소나 황소

를 이용한다. 여행자나 상인들은 물건을 운반하는 데 말*을
이용한다. 호랑이도 아주 많은데 이 호랑이의 가죽은 중국
이나 일본에 수출된다. 그 밖에 곰, 사슴, 멧돼지, 집돼지,
개, 여우, 고양이 등이 있다. 뱀과 독이 있는 동물 등도 많다.

백조, 거위, 오리, 닭, 황새, 백로, 학, 독수리, 매, 까치,
까마귀, 뻐꾸기, 비둘기, 노랑도요새, 꿩, 종달새, 참새, 지
빠귀, 푸른도요새, 말똥가리 등의 새와 다른 종류의 새가
아주 많다.

문자와 인쇄

조선의 언어는 다른 나라의 언어와 다르다. 똑같은 것을
가리키는 데 여러 가지 다른 이름을 사용하기 때문에 배우
기가 매우 어렵다. 그들은 말을 상당히 빠르게 하는데 특히
고관들이나 학자들은 천천히 느리게 한다.

문자를 쓰는 데는 세 가지 다른 방법이 있다. 첫 번째 것
은 주로 쓰는 방식인데 중국이나 일본의 글자와 같다. 조정
과 관계된 공식적인 국가 문서뿐만 아니라 모든 책들이 이
런 식으로 인쇄된다. 두 번째 것은 네덜란드의 필기체처럼
매우 빨리 쓰는 문자가 있는데 이 문자는 고관이나 지방관
들이 포고령을 쓰거나 청원서에 대한 권고를 덧붙일 때 쓰
며 서로 편지를 쓸 때에도 사용한다. 일반 백성들은 이 문자
를 잘 읽을 수가 없다. 세 번째 것은 일반 백성들이 사용하

는 문자로 배우기가 매우 쉽고, 어떤 사물이든지 쓸 수 있다. 전에 결코 들어 보지 못한 것도 표기할 수 있는, 더 쉽고 더 나은 문자 표기 방법이다. 그들은 이 글씨들을 붓으로 매우 능숙하게 빨리 쓴다.*

그들은 옛날 문서나 책들을 많이 보관하고 있으며 이것들을 매우 소중하게 다루는데 이것을 왕의 형제, 즉 왕자들이 항상 이 책들에 대한 감독을 하고 있다는 사실로 보아 알 수 있다.

사본이나 목판을 화재나 그 밖의 재해로 분실되는 일이 없도록 여러 도시에 안전하게 보관하고 있다. 달력이나 이와 비슷한 책은 중국에서 만들어지는데 이것은 그들이 달력을 만들 지식이 없기 때문이다. 그들은 목판을 가지고 인쇄하며 책, 종이 양쪽에 각각 다른 목판을 사용한다.

* 에보켄이 판단하는 바에 의하면 조선의 언어는 중국어와 공통점이 전혀 없다. 에보켄은 조선어가 아주 유창했지만 바타비아의 중국인들은 그의 말을 이해하지 못했다. 그러나 서로의 문자는 읽을 수 있다. 그들은 한 가지 이상의 문자 체계를 가지고 있는데 언역諺譯은 이곳에서 사용되는 문자 표기 방식과 같은 것으로 모든 문자가 연결되어 있다. 일반 백성들은 이것을 사용한다. 다른 음절들은 중국 문자와 똑같다. 가난한 여자들은 학교에 가지는 못하지만 조선의 알파벳[한글]을 거의 모두 사용할 수 있다. 우리는 조선의 알파벳이 가장 훌륭하고 완전하다고 생각하는데 그 이유는 거의 단숨에 배울 수 있기 때문이다.로스, 315l.

산술 및 부기

그들은 네덜란드의 계수기처럼 긴 막대기로 계산을 한다. 그들은 상업부기를 모른다. 그들이 무엇을 사면 그 매입 가격을 적어 놓고, 그 다음에 매출 가격을

산가지 수효를 셈하는 데 쓰던 물건. 젓가락 같이 가는 대나 빼를 가로와 세로로 배열하여 셈을 한다. 즉 일·백·만 단위는 세로로 늘어 놓고, 십·천·십만의 단위는 가로로 늘어 놓아 수를 나타내는데 단, 5의 수는 전자의 경우에는 가로로, 후자의 경우에는 세로로 놓되 위쪽에 씌운다. ⓒ 농업박물관.

적는다. 이렇게 해서 이 두 가격의 차액으로 얼마나 남았거나 부족한지 알게 된다.

국왕의 행차

국왕이 궁전 밖으로 외출할 때는 모든 귀족들이 그를 수행한다.* 귀족들은 검은 비단으로 된 긴 옷을 입는데, 그 옷의 앞과 뒤에는 문장紋章이나 그 밖의 다른 상징물이 수놓아져 있고, 그 옷 위에 굵은 띠를 맨다. 기병과 보병이 행렬 선두에 서서 가며, 이들은 가장 좋은 의복을 입고, 많은 기를 세우고 있으며 여러 가지 악기를 연주한다. 그 뒤에 국왕의 시종들이 따라가는데 이 시종들은 서울의 가장 지체 높은 사람들로 구성되어 있다. 이 시종들의 가운데에 임금은 금으로 세공된 아름다운 작은 집 모양의 가마에 앉아 있다. 그 행렬은 매우 조용하기 때문에 사람들의 숨소리나 말발굽 소리도 들을 수 있다. 국왕 앞에는 그의 비서I승제나 시종 중의 한 사람이 잠겨진 조그만 상자를 들고 행진하는데 이것은 백성들이 정부나 그 밖의 사람들로부터 부당한 대접을 받았거나, 판사의 판결을 받지 못했거나 부모나 친구 중에 누군가 부당하게 처벌되었다든가 그 밖에 다른 청원이 있는 사람들이 탄원서를 넣는 함이다. 이 탄원서는 창대 끝에 묶거나, 담에 걸거나 울타리 뒤에서 건네어져 시종 중 한 사람이 받아 이것을 그 상자 속에 넣는다. 국왕이 궁에 돌아오면 그

*국왕은 일반 서민이 거의 볼 수가 없기 때문에 먼 곳에 사는 사람들은 왕을 초인간이라고 믿는다. 그들은 우리들에게 국왕에 관해 묻는다. 왕이 행차를 덜 하고 사람들 눈에 덜 띌수록 백성들은 그해가 더 풍년이 될 거라고 여긴다. 왕이 행차하면 심지어 개조차도 거리를 걸을 수가 없다비촌 I, 57l.

상자는 국왕에 제출되어 모든 청원이 국왕에 의해 처리된다. 그리고 왕은 최종 판결을 선포하며 그 결정은 반대 없이 당장 집행된다.＊

국왕이 행차하는 도로의 양쪽은 봉쇄된다. 아무도 문이나 창문을 열 수 없고 또 열어 둔 채로 놔 둘 수도 없다. 하물며 담이나 울타리 너머로 봐서도 안 된다. 국왕이 귀족이나 병사 앞을 지나갈 때 국왕에게 등을 돌리고 뒤돌아보거나 기침을 해서는 안 된다. 그래서 대부분의 병사들은 그들이 마치 말에게 재갈을 물리듯 그들 입에도 작은 나뭇가지를 문다.

중국 사신의 방문

중국 사신이 도착하면 국왕은 손수 고관들을 인솔하고 서울 교외에까지 나가 환영해야 하며, 경의를 표하기 위해 정중하게 절을 해야 한다. 그러고 나서 그들은 그 사신을 숙소까지 호위한다. 그 사신의 도착과 출발 행사는 국왕에게 하는 것보다 더 대규모로 행해진다. 악사와 무희, 곡예사들이 그의 앞에서 자신들의 재간을 보이며 행진한다. 또 조선에서 만든 모든 귀중품들이 그에게 운반되어 온다.

중국의 사신이 서울에 머무르는 동안 그의 숙소와 왕궁 사이의 거리는 병사들에 의해 봉쇄되는데 병사들은 17~20m 간격으로 서 있다. 두세 명의 병사는 단지 중국 사

＊국왕이 궁전을 떠나 다른 도읍이나 시골로 가는 일은 거의 없다. 국왕이 다른 도읍이나 시골로 행차하는 경우는 백성들에게 미리 공포한 커다란 행사의 경우이다. 길을 말끔히 청소하고 왕의 행렬이 지나가는 동안 교통이 막히지 않도록 경비한다. 문은 모두 닫아야 하고, 집주인은 복종의 상징으로 손에 빗자루와 쓰레받기를 들고 문간 앞에 무릎을 꿇고 있어야 한다. 모든 창문 특히 위쪽 창문은 왕을 내려다보지 못하도록 종이를 붙여야 한다. 부당한 처벌을 받았다고 생각하는 사람들은 국왕에게 호소할 권한을 가질 수 있다. 그런 사람들은 길 옆에 서서 배틀문 모양처럼 버팀살대 위에 늘어진 가죽으로 된 조그맣고 납작한 북을 치고 있으면 된다. 그러면 왕이 지나갈 때 그 소망을 듣거나, 쪼개진 대나무에 끼워 보낸 탄원서를 받는다.[그리피스, 「조선」, 1905, 222]

신의 숙소에서 보낸 편지를 왕궁으로 전달하는 일만 한다. 그래서 왕은 그때 그때 사신들의 상황을 알게 된다. 사실상 그들은 그 사신에게 경의를 표하고 환대하기 위해 모든 수단을 강구하는데 그것은 종주국의 황제에 대한 존경을 표시하고, 그 사신들이 자기 나라에 대해 불평하는 것을 막기 위해서다.

결어

조선 왕국으로 가기 위해서는 항로를 서쪽으로 남경만 북위 40도 지점으로 접근해야 한다. 거기서는 커다란 강이 바다로 흘러간다. 이 강은 서울에서 3.5km 정도 뻗어 있는데 이곳을 통해 국왕의 쌀과 기타 물자가 커다란 정크선으로 운반된다. 창고는 강 상류로 약 70km 지점에 있으며, 거기에서 모든 물자가 달구지로 수도에 운반된다.

국왕은 서울이라는 도성에 궁전을 가지고 있으며 대부분의 귀족과 중국, 일본 등과 거래를 하는 대상들이 이곳에 머무른다. 모든 상품은 먼저 서울로 운반된 뒤에 전국으로 소매된다. 이곳에서의 거래는 대부분 은으로 이루어지는데 왜냐하면 대부분의 거래를 고관들이 장악하고 있기 때문이다. 다른 도시나 시골에서의 거래는 포목과 곡물로 이루어진다.

조선을 서해안으로 접근해야 하는 이유는 동해안과 남해안에는 만의 안쪽과 입구에 눈에 보이거나 보이지 않는 절

벽과 암초가 많기 때문이다. 조선의 수로水路 안내인은 우리
에게 서해안이 가장 접근하기 좋다고 말했다.

Hendrick Hamel

1630 호르쿰에서 아버지 Dirck Hamel과 어머니 G. Verhaer 사이에서 태어남.

1650. 11. 6. 텍셀Texel|네덜란드 북부에 있는 섬|의 Landdiep에서 인도로 가는 Vogel Struijs| '타조'란 뜻| 호에 사격수로서 승선.

1651. 7. 4. 바타비아 항에 도착. 인도에서 하멜은 빠르게 승진. 서기에 이어 보좌관이 되고 곧 장부 계원이 되어 선박의 항해 유지와 재무 관리는 물론 재정을 맡아봄.

1653. 7. 18. 장부 계원으로서 스페르베르 호에 승선해 바타비아를 떠남. 조선에 표류.

1666. 9. 4. 조선에서 탈출.

1666. 9. 6. 일본 히라도 도착.

1668. 7. 20. 하멜 일행은 네덜란드로 귀국. 하멜은 인도에 남아 있다가 1년 후, 두 번째 생존자들과 함께 귀국.

1670. 8. 하멜은 두 번째 생존자들 중 2명과 함께 조선에 감금되어 있는 기간 동안 받지 못한 임금에 대한 지불을 요구.

그 이후 하멜의 생활은 조선에서 머물기 전 만큼이나 알려지지 않았다. 1734년경 호르쿰에 보관되어 있는 손으로 쓴 문서에는 하멜이 1670년 호르쿰에 정착했다고 씌어 있다. 수 년 후에 하멜이 정확히 언제 인도로 다시 떠났는가는 알려져 있지 않다. 그의 인도 체류에 대한 어떤 기록도 찾아볼 수 없다. 그러나 1690년이나 그보다 더 일찍 하멜은 호르쿰으로 돌아왔다.

1692. 2. 12. 사망|이때까지 미혼이었음|.

추가적인 조사에서 알 수 있는 것들

한편으로 하멜에 대한 기억을 할 수 있게 하는 이정표로는 다음과 같은 것들이 있다.

호르쿰 헨드릭 하멜의 거리|1930년 7월 7일 이후로 Linge 거리에 소재|.
호르쿰 하멜과 그의 동료들이 살았던 강진|한국|에서와 마찬가지로 상이 세워짐. nr 65 구내 옆의 Kortedijk에서 태어난 헨드릭 하멜에 대한 경의로 생겨났다.
호스든Heusden 하멜 공원.
1500년경에는 시장 출신의 하멜이 여러 있었는데 그들은 헨드릭 하멜의 선조였다.
헤이그Hague 헨드릭 하멜의 거리.

하멜Hendrick Hamel, 「야하트 선 데 스페르베르 호의 생존 선원들이 코레왕국의 지배하에 있던 켈파르트 섬에서 1653년 8월 16일 난파당한 후 1666년 9월 14일 그 중 8명이 일본의 나가사키로 탈출할 때까지 겪었던 일 및 조선 백성의 관습과 국토의 상황에 관해서Journael van't geene de overgebleven officieren ende Matroosen van't Jacht de Sperwer'tzedert den 16en Augustij A° 1653 dat tselve Jacht aan't Quelpaerts eijland (staende onder den Coninck van Coree) hebben verlooren, tot den 14en September A° 1666 dat met haer 8en ontvlught ende tot Nagasackij in Japan aangecomen zijn, int selve Kijck van Coree is wedervaren, mitsgaders den ommegank van die natie ende gele gentheijt van't land」, 그라벤하지의 알흐멘 렉싸르히프 식민지 시대 기록 보관소.

스티히터Johnnes Stichter, 스티히터 판, 「JournaelVan de Ongeluckige van't Jacht de Sperwer van Batavia gedestineert na Tayowan in't Jaer 1653, en van daar op Japan; hoe't selve Jacht door storm op't Quelpaerts Eylant is ghestrant ende van 64. personen maar 36. behoulden aan't voornoemde Eylant by de Wilden zijn gelant; Hoe de selve Maats door de Wilden daar van naar't Coninckrijck Coree sijn vervoert by haar ghenaamt Tyocen-koek; Alwaer zy 13. Jaar en 28 daghen in slavernije onder de Wilden hebben gesworven zijnde in die tijn tot op 16. na aldaar gestorven waer van 8. Peraoonen in't Jaar 1666. met een kleen Vaartuych zijn ontkomen latende daar noch acht Maats sitten ende zijn in't Jaer 1668. in't Vaderlandt gearriveert. Als mede een pertinente Beschrijvinge der Landen Provintien Steden ende Forten leggende in't Coninghrijck Coree: HareRechten Justitien Ordonnantien ende Koninglijcke Regeeringe」, 로테르담, 1668.

후틴크B. Hoetink, 후틴크 판, 「Verhaal van het Vergaan va het jacht de Sperwer en van het wedervaren der schipbreukelinen op het eiland Quelpaert en het vastedladnd van Korea(1653-1666), met eene beschrijiving van dat rijk」, 그라벤하지, 1920.

레드야드Gary Ledyard, 「화란인 코리아에 오다The Dutch Come to Korea」, 서울 : 영국왕립아시아학회 한국지부, 1971.

그리피스William E. Griffis, 「조선Corea, without and within」, 필라델피아, 1874.

비츤Nicolaes Witsen, 「북과 동만주Noord en Oost Tartarye, ofte bonding ontwerp van eenigedier landen en volken」, 제2판 제1부, 암스테르담, 1705.

미뉘톨리Monsieur Minutoli의 불역판, 「켈파르트 섬 해안에 난파한 화란 선박의 여행기 ; 조선왕국기 첨부Relation du noufrage d'un vaisseau holandais. Sur la côte de l'île de Quelpaerts; Avec la description du Royanume de Corée」, 파리 : 토마스 졸리사, 1670.

처칠John Churchill의 영역판, 「켈파르트 섬 해안에 난파한 화란 선박의 여행기 ; 조선왕국기 첨부An Account of the Shipwreck of a Dutch vessel on the coast of the isle of Quelpaert, together with the description of the Kingdom of Corea」, 런던, 1704.

버니James Burney의 영역판, 「스페르베르 호의 불행한 항해일지Journal of the unfortunate voyage of the Yacht Sparwer」, 런던, 1813.